遇見崇川

MEET CHONGCHUAN

思贤

崇川名人纪事
Chongchuan
Famous People
Chronicle
MISS OUR
ANCESTORS

南通报业传媒集团　编著

文物出版社

《强国梦痕》（局部）

目录

骆宾王：初唐四杰之一魂归崇川

　　"鹅，鹅，鹅，曲项向天歌。白毛浮绿水，红掌拨清波。"这首《咏鹅》，意趣盎然，读起来朗朗上口，非常适合作儿童的启蒙诗歌。千百年来，它是不少孩子学习的第一首古诗。因此，作者骆宾王可以说是许多人所接触到的第一位诗人。

　　骆宾王，浙江义乌人，其名宾王和字观光来源于《易经》中的观卦："观国之光，利用宾于王。"据说《咏鹅》是骆宾王七岁时写的，长大后的他，更加才华横溢，成为中国文学史上地位极高的"初唐四杰"之一。正是王勃、杨炯、卢照邻、骆宾王四人的横空出世，才使得唐朝的文学界突破了宫体诗的界限，由此开启了长达两百年的唐诗繁荣景象。在"四杰"中，骆宾王是年龄最大、经历最丰富的，也是留下诗文最多的一位。

位于濠河桂花岛的骆宾王雕像

反映骆宾王参与扬州兵变的浮雕作品

骆宾王一生书剑飘零，沉沦下僚。尽管有济世之心，却始终郁郁不得志。因为他自带诗人的浪漫气质，性格又较为耿直，敢说敢想，同许多人搞不好关系，受到官场的打压。他大半生都职位低微，有几次还被罢官。

678年，几经磨难的骆宾王，貌似等到了一个抒发雄心壮志的好机会。那一年，已近花甲之年的骆宾王调任长安主簿，又经人推荐，做了御史台侍御史，侍御史相当于朝廷的检察官。骆宾王经常上书直言，终因矛头直指权势熏天的皇后武则天而获罪入狱。他写下了著名的《在狱咏蝉》。一句"无人信高洁，谁为表予心"，既是对昏聩朝廷的控诉，也是对自己高尚品格的宣示。

后来唐高宗大赦天下，骆宾王出狱后又去担任临海县丞。他因对官场彻底失望，任性地弃官到扬州去游历。当时的骆宾王，已经62岁，如果就此隐归田园，他的人生将平静地走向终点。可是谁知道，一场风暴正在向骆宾王席卷而来，他的人生轨迹也由此发生了巨变，同时也给后人留下了一个巨大的历史谜团。

嗣圣元年（684年），武则天废掉刚登基的中宗李显，另立李旦为帝，自己临朝称制，为进一步登位称帝做准备。武氏这一系列逆天改命的举动，激起了不少有识之士的强烈反对，不少人纷纷起兵讨伐。

这年九月，开国元勋徐绩的孙子、世袭英国公徐敬业（朝廷赐姓李），在扬州起兵反叛。为了扩大影响力，徐敬业希望写一篇讨伐文书昭告天下。此时，他想起了一个人，那就是骆宾王。当时正在扬州的骆宾王很快就提笔写下了气势磅礴的《代李敬业讨武檄文》。

此文被后世称为千古第一檄文。其中"请看今日之域中，竟是谁家之天下！"这样振聋发聩的名句，一时震动天下。徐敬业短时间内集中十万军队，这篇檄文起了很大作用。

武则天本人读后，最大的反应不是震怒，而是问此文是谁所写。当知道是骆宾王的手笔，武则天惋惜地说，"宰相安得失此人"！大有奇才不为我所用之憾。

笔锋再犀利，难敌兵锋之锐利，在武则天所遣三十万大军的围剿下，徐敬业很快兵败如山倒，只能率领一批部下亡命天涯。诗人骆宾王因为一篇檄文名声大噪，俨然以叛军二号人物遭到通缉。

关于骆宾王在兵败后的下落，官方史书出现了不同的结局。《旧唐书》说骆宾王"伏诛"而死。一百年多年后的《新唐书》则说"敬业败，宾王亡命，不知所之"。

唐人郗云卿在《骆宾王文集》序中记载：“兵事既不捷，因致逃遁。”这是骆宾王并未被杀的另一个证明。郗与骆是同时代人，并且他是在骆宾王被朝廷平反之后，奉诏编辑骆宾王文集的，因此他的话是可信的。

如果骆宾王确实是逃出生天了，他最终的落脚点在哪里？有人说骆宾王后来在杭州灵隐寺出了家，和宋之问还曾有续诗。但这种说法已被专家认为破绽太多，不足为信。

让我们再来看看官方史书中所记载的骆宾王最后出现的地点。按《新唐书》说法，骆宾王随徐敬业逃到了泰州以东，准备出海前往高丽，书中提到船队在"遗山"遇风受阻。泰州之东，除了南通的五山再没有山了，因此这"遗山"应该是当时人们对这几座被自然"遗忘"的山丘的称呼。

骆宾王，离他最后的归宿之地已经不远了。

明正德九年（1514年），骆宾王的墓在南通"出土"。

明万历《通州志》载："正德九年，曹某者凿靛池于城东黄泥口，忽得古冢题石曰'唐骆宾王之墓'。启棺，见一人衣冠如新，少顷即灭。"尽管有人质疑，认为其画面有玄幻色彩，但现代的考古已证明是可能的。

明末南通人邵潜所著的《州乘资》对此事有更完整记载。邵潜是一位学风严谨的学者，他的记述应当是真实可信的。熹宗朝礼部尚书朱国桢撰《涌幢小品》中也收录了南通发现骆宾王墓的这一传奇，更是广为传播。

黄泥口，地居通州城东北郊濠河边，也就是现今南通濠河东北角的新乐桥附近。初唐时，那里应是胡逗洲上的一个河口。

骆宾王是如何归葬于南通的濠河畔？清康熙年间的海门县人李于涛揭开了谜底。

清康熙年间，自称徐敬业三十五世孙的李于涛，在《雪崖外集》说自家的宗谱详细记载了骆死后"徐绹具衣冠以敛"。徐绹，是徐敬业之子。按照李于涛的说法，在兵败扬州的大逃亡中偕幕府骆宾王匿邗之白水荡。白水荡，据考证为现南通吕四一带。"久之，宾王客死崇川"。徐绹收殓埋葬了骆宾王，并立了墓碑。徐绹定居于古海门县，成为徐（李）家族在此地的一世祖。至明初的第二十五代时，又恢复姓李。骆宾王故乡义乌绣川溪亦有骆墓，其子孙说，"本墓实在崇川"。

作为骆宾王的同宗后人、浙江师范大学中文系教授的骆祥发，一直致力于骆宾王研究。骆教授倾向于"骆宾王终迹崇川"说。但他同时指出，李于涛的自说还

位于濠河边的黄泥口

狼山脚下的骆宾王墓

不能作为最终证据。但如果有现存的宗谱来佐证，那么，"终迹崇川说"就能盖棺定论了。

南通学者在康熙《通州志》卷八中发现，"唐李绚"与宋郑獬、金应等同列为"流寓目"，也就是客居南通的历史名人。史志上这样记载必须要有宗谱存在才能记载，这就从侧面印证了李于涛的话是可信的。这部地方志修成于康熙十二年（1673年），当时李于涛只是个童生，他的话不可能影响修志。

据南通学者张松林论文《骆宾王终迹南通有案可稽》记载，2021年3月，在南通市通州区五甲镇李自平家中，一批南通文化界人士见到了李氏家族珍藏的《徐李氏家谱》。这也正是前文提到的骆祥发教授希望南通能挖掘到的那部家谱。李自平是徐绩的第四十九代孙。这部家谱，在抗战时期和"文革"期间，曾藏在茅屋的土墙洞中才得以保存至今。它的发现，有力佐证了志书关于骆宾王终迹南通黄泥口的记载。

那么，南通的骆宾王墓是什么时候到了狼山脚下？清乾隆十三年

（1748年），福建名士刘名芳居军山，编撰《五山志》。他听说了骆宾王埋骨崇川之事，就到濠河边的黄泥口搜寻，"访得之：一抔残土，半浸水中，掘地得断石'唐骆'二字，唐字未损，骆字蚀其下半矣。因请于太守董公（董权文），效前守彭士圣移金将军墓故事，移葬狼山。"一代文雄，从此长眠狼山。

"一抔之土未干，六尺之孤安在？"骆宾王在他写那篇传世檄文时，并没有预料到，自己的归宿，竟是当时化外之地胡逗洲的一抔黄土。走过狼山山脚下的骆宾王墓，人们不由得默诵墓前石牌坊上的那副楹联：碑掘黄泥，五山片壤栖灵爽；笔传青史，一檄千秋著姓名。

当年发现骆宾王墓的濠河黄泥口，如今已经开辟为桂花岛景观公园。这里建成了以骆宾王为主题的人文胜地，将骆宾王与崇川福地的历史渊源展现在游客目前。

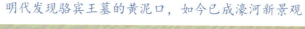

明代发现骆宾王墓的黄泥口，如今已成濠河新景观

曹顶：抗倭英雄崛起于草根

城山路，是连接南通城与狼山的一条马路。由城往山约半程处，两株银杏拔地而起，亭亭如盖。银杏树下便是明代抗倭英雄曹顶的墓园，曹公跃马横刀的雕像是不少南通人的共同记忆。

一代代南通人口口相传曹顶的故事，已经讲了四百六十多年。

曹顶，通州余西场人，生于明正德九年（1514 年），家庭出身盐民，从小跟着父亲给富户曹大宾当佣工。曹顶出生时，家人发现他头顶有三个发旋（南通话叫"三个头顶"），于是就喊他为"顶儿"，长大后用过"鼎"的学名。不过，还是曹顶这名儿更接地气，日后也成为让倭寇闻风丧胆的名字。

曹顶年轻时强健彪悍，膂力过人，性格豪爽。他受雇于盐商，炼得一身好水性。官府文书里以"耆民水手"来描述他，意思是船工里的年长有德者，通俗点讲就是船老大。

鬼子来了！嘉靖三十二年（1553 年），从浙江登陆一路向北的倭寇，进犯松江、太仓，当中有一小股渡过长江，劫掠了通州的江家场后，匆匆撤回江南。尽管倭寇这次只是试探性的进犯，但是通州军民深知，鬼子既已窥探江北，必然还会卷土重来。

39 岁的曹顶走进了总督张经的征兵点。作为一名新入伍的士兵，他的年龄显然已经偏大。他应征的是乡兵，属于不吃皇粮的编外人员。

通州千户姜旦是曹顶的上司，他惊奇地发现，在与倭寇的遭遇战中，曹顶表现出的超强战力一点都不像个"业余选手"。有一次，与倭寇激战于长江之中，只见一员猛将挺起长矛将倭船上的舵手刺落江中，此人正是曹顶！乘倭船失控，倭寇慌乱之际，曹顶猛跳过去，登上倭船，

曹顶墓与曹公祠旧影

把铁锚抛进江中,在船上放起火来。顿时,众寇大乱,明军顺势发起总攻,倭寇大败而去。

曹顶一战成名。大江南北开始流传着他英勇杀敌的传说。每次作战,曹顶都亲冒箭矢,冲锋在前。地方史志记载了他勇猛善战的画面,将我们带回到电光石火的大战现场:"战酣,寇众,击落顶盾,长枪刺来;从卒未及呼喊,顶右腋夹定贼枪,左手飞拾盾,挡贼枪,奋进,寇遁。又,顶入贼阵,救回部卒,且俘一寇。"

不久,曹顶被破格提拔为首领,手下有30艘哨船、500名士兵战队,其中有不少是前来投奔顶哥的灶勇,这支水师驻扎在江南剿倭。

嘉靖三十三年(1554年)四月初二,空前的浩劫再一次降临通州大地。近百艘倭船乘涨潮而上,压住了狼山江面,3000余名倭寇呐喊着，挥舞着倭刀冲上岸边。强盗们随即杀害了 944 名手无寸铁的乡民，焚烧 5800 余家民房，直扑通州城下。

所幸通泰参将解明道和扬州通判唐维有一标人马早先驻在城内，带领百姓坚守城池。扬州、泰州闻警，立即驰援，结果在州城西遭到倭寇伏击，援兵首领洪岱等壮烈牺牲。

倭寇随时准备攻城，通州城危在旦夕。一城百姓，念叨着一个名字："曹顶"，他能否及时赶到拯救父老乡亲？

说曹顶，曹顶到。在江南的曹顶水上义勇闻警，立即北返，对攻城之敌进行袭扰。倭寇放弃攻城暂时退至江滨，曹顶乘机进入城与军民会合，商定破敌大计。

四月二十四日，决战开始。倭寇对通州城发起猛攻，守城官兵发火器、抛砖石、放飞箭、挑云梯……激战八个时辰，射杀倭寇百余人。同时，曹顶率水师从江上进攻倭寇船队，使其首尾不能相顾。鏖战至二十八日，徐州兵备副使李天宠率徐州、宿迁、邳州的援兵赶到。城内、城外、江上，三路合击，倭寇陷入绝境，抢登数十艘贼船，遁海而去。这时，解明道命曹顶带兵，在城外各处搜剿残余倭贼，又斩获寇首 71 级。

历时二十多天的通州保卫战，我军民大获全胜。曹顶和以前一样，将赏赐分给了同战的勇士。官府几次评功授官于他，皆辞不受。曹顶不想当官，他只想和乡亲们一起过点太平日子。关于曹顶开面店的传说，大都将时间安排在这个阶段。说是通州城下退敌之后，曹顶解甲归田，在城山路上开了家面店，从此流传下来一门绝技叫作"跳面"。这面流传至今，还有个名字叫作"曹公面"。

曹顶与曹公面，终究是传说。事实上，这个时期，曹顶并没有去安享岁月静好。据史料记载，那几年，他不是在抗倭前线，就是在抗倭的路上。他身上的数十处伤痕，都是战斗留给他的勋章。嘉靖三十五年（1556 年），倭寇犯扬州，曹顶奉命率部增援，途经泰州城，人们认出他是曹顶，便纷纷涌上街头，争睹这位大英雄的风采。

嘉靖三十六年（1557 年）四月十一日，倭寇乘风雨天来扰。曹顶再次提刀上马，说"切面的刀，也可以杀敌"。倭寇这次走的是海路，

曹顶纪念公园秋色

从掘港登陆，一路劫掠到白蒲。官军击退了这股倭寇，曹顶带领十骑，一气追击残寇二十余里。倭寇退到单家店（现平潮附近），曹顶与之大战三个时辰，再将倭寇杀败。

这时，天下起大雨，地面泥泞不堪，曹顶追杀敌心切，无意间马失前蹄，滑倒在沟堑中。倭寇乘机围上，乱刀齐下，曹顶惨遭杀害，终年43岁。

噩耗传出，通州举城痛哭，"失我长城"！

曹顶殉国后，官民将英雄安葬于通州城南，并建了一座曹义勇祠。在曹顶墓北侧约百米，有一座高十多米的土墩，上面刻着"倭子坟"三个大字。据考证是明代抗倭报警的烽火屯遗址，因民间相传其中埋有曹顶所杀的倭寇尸骸而得名。

老百姓都称曹顶为曹公。尽管他出身草根，也没有显赫身份，但他的壮烈人生配得上"曹公"这一尊称。

　　张謇先生就是这么认为的。1919~1921年，他主持将曹公祠和曹公墓大修，并挥毫为祠撰联："匹夫犹齿国非国，百世以为公可公。"同时，还撰写了《重修曹公祠碑》。曹顶塑像也是在这次大修中树立起来的。

　　曹公祠在20世纪60年代拓宽道路时拆除，如今只成为一个地名。2017年，南通市人民政府在原曹公祠西北辟地150亩，建造了曹顶纪念公园。

　　一代代南通人，为他修墓、立祠、塑像、建园。2007年，还有一部讲述曹顶抗倭故事的电影《新忠烈图》在全国上映，吴奇隆饰演了这位南通人心目中的大英雄。

　　我们也要将曹顶的故事继续讲下去，告诉孩子们，曾经有一位平凡的英雄，用他的血肉之躯将侵略者挡在城外，换来了全城百姓的太平生活。

陈实功：外科圣手，医者仁心

　　自中医出现之后很长一段时间内，医家更加注重的是内科而轻视外科，这是因为外科医学同内科医学相比缺少详尽的基础理论——明代的南通名医陈实功，以他的《外科正宗》为中医外科增添了理论支撑。

　　出生于明嘉靖三十四年（1555 年）的陈实功，字毓仁，号若虚。他幼年多病，少年时期即开始习医，师从文学家、医学家李沦溟。李先生认为："医之别内外也，治外较难于治内。何者？内之症或不及外，外之症则必根于其内也。"这一观念对陈实功影响颇深，并成为他数十年医疗生涯的座右铭。

　　陈实功一定程度上改变了过去中医外科只重技巧而不深研医理的落后状况，在发展中医外科医学方面起到了重要作用。在临床中，他根据病者的实际病况，采取内治或内治外治相结合的方法。在外科手术治疗上，尤为突出。陈实功主张"开户逐贼，使毒外出为第一"，外部手术与内服相结合，如对息肉摘除、气管的缝合等。由于他医术高明，因而名声大震，登门求医者络绎不绝。

为了使外科医学能够让更多的人重视起来，让更多的行医者掌握正确方法，陈实功晚年不顾身体虚弱，根据自己多年行医的丰富经验和明朝前外科医学方面的部分成就，于万历四十五年（1617 年）撰写了一部重要的外科医学著作《外科正宗》。全书综述了自唐朝以来历代外科中有效治疗经验，充分代表了明朝时期我国中医外科医学的成就。《外科正宗》印行后，以"列症最详，论治最精"而著称，不但在国内广为流传，还传到了日本、朝鲜等国。成书四百余年来，有各种版本 50 余种，成为中医外科的经典著作。

《外科正宗》全书共 20 余万字，共分四卷，从病痛的根源、诊断，到外科的治疗方法，手术的适应症、禁忌等都做了详细的论述，是陈实功学术思想的集中体现。

对于现代医学中所遇到的淋巴转移、鼻咽癌等，《外科正宗》里亦有论述。这些研究和探索十分珍贵，对现代临床治疗都有一定的启示。其中，对下颌骨脱臼的治疗整复手术，完全符合现代医学的要求，直到现在仍一直沿用。

陈实功提出的"医家五戒十要"，被认为是古代医生的道德行为准则，也被推崇为"世界上最早成文的医学道德法典"。"医家五戒十要"要求医者恪守善良行医、医者仁心，对医学伦理学有非常重要的启迪作用。

陈实功自己一直恪守"医家五戒十要"，据明代南通诗人范凤翼记载："吾里若虚陈君，慷慨重然诺，仁爱不矜。不张言灾祸以伤人之心，不虚高气岸以难人之请，不多言夸严以钩人之贿，不厚求拜谢以殖己

之私。"

　　陈实功不但医术高明，而且医德高尚，对同道谨慎谦和，对后学提携爱护，对病人则无论贵贱贫富都能一视同仁。他为穷人看病不收分文，对贫苦者除了治病送药外，还常常帮助其解决生活困难。《外科正宗》中肿疡主治方"如意金黄散"，是陈实功创制的经效名方，但他没有作为独家技术来垄断，而是慷慨地供应其他外科医家，《通州志》里说，"大江南北赖以全活者无算"。

　　南通人至今仍感念陈实功的善行义举，如"博施济众，贫病畀药，修山路、筑桥梁，建药王庙"等。在建桥修路方面，《通州志》记载，通州城南一带有不少桥梁毁坏了，陈实功翻新了其中的一半。其中，南城门桥通济桥因毁于倭寇入侵，陈实功于天启元年（1621 年）捐款改建为石桥。因所用石条纵跨桥面超长，南通人习惯称为"长桥"，又称"纪功桥"，不忘陈实功南北通衢之恩。城南的涧桥，也是陈实功捐资改建，如今，在段家坝小园内，这座小桥被原汁原味地保留了下来，有《涧桥记》石碑立在桥边。陈实功在城南所修的桥，还有段家桥、永丰桥、白塘桥。

"陈若虚记"青花乳钵

顾养谦：勋名第一顾尚书

众所周知，清朝的开创者努尔哈赤是在明万历四十四年（1616年）建立后金政权的，并在万历四十六年正式向明朝发起挑战。鲜为人知的是，在努尔哈赤反明前三十年，就已经有人向明神宗朱翊钧，也就是万历皇帝发出预警！"发现"努尔哈赤的这个人，就是从南通城里走出的戍边奇才顾养谦。

万历十五年（1587年）十一月，时任辽东巡抚的顾养谦，在上疏中说"努尔哈赤益骄为患"，这是《明神宗实录》、也是明代史籍里第一次出现努尔哈赤的名字。第二年，他仍在紧盯着努尔哈赤，揭露其凶悍与狡黠，称其"建州黠酋也，骁骑已盈数千，乃曰奄奄垂毙"，提醒朝廷不要被蒙蔽，"倘闻者不察……则辽事去矣"。

对于如此振聋发聩的警示，万历帝置若罔闻，没有任何批示。御史甚至还弹劾顾养谦，称他夸张努尔哈赤的危险程度，目的是为"贪功徼赏"。然而，之后，努尔哈赤的不断逆袭、坐大，一次次打脸这些养虎为患的昏聩君臣。令人遐想联翩的是，如果当时朝廷采纳了顾养谦平辽之策，明清易代的那段历史走势或许将会截然不同。然而，历史没有假设。

从大历史的角度看，顾养谦是一位文武全才、品德高尚的杰出人物，《明史》居然没有为他立传。顾养谦在督抚辽东期间，一直力主剿灭后来成为清太祖的努尔哈赤，犯了清朝统治者的大忌，因此清朝修《明史》时，当时的史臣不敢为他立传。甚至顾养谦的作品《益卿诗文全集》二十卷等都被列为禁书，遭遇毁禁。然而，青史不容尽成灰，《冲庵顾先生抚辽奏议》等第一手资料还是记录下顾养谦的文韬武略，南通人可以从明代的诸多史籍中追寻到这位乡贤的足迹。

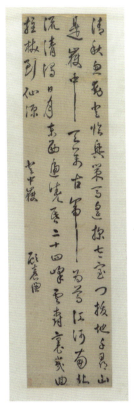

顾养谦

顾养谦行草《登中岳》立轴

顾养谦（1537~1604年），字益卿，号冲庵。嘉靖十六年（1537年），生于南通城内的柳家巷。28岁为进士，官至兵部右侍郎兼右都御史，总督蓟辽。去世后，被朝廷追封为兵部尚书。南通自此有"勋名第一顾尚书"之说。

虽是以文入仕，但是，顾养谦的一生却是戎马倥偬，曾多次率兵在浙江、广东、福建、云南等地剿匪、平叛。他以儒将之身转战二十年，期间"五荡寇氛"，匪盗为之闻风丧胆，朝野上下公认为一代卓越名将。时人沈明臣称赞他："谁道虎头非将种？请缨从古是书生！"

万历十三年（1585年），49岁的顾养谦出任辽东巡抚，后又擢任为蓟辽总督，兼任经略，打理朝鲜事务。他一生中对国家和历史产生重大影响，均是因为这段风云激荡的辽东征战史。

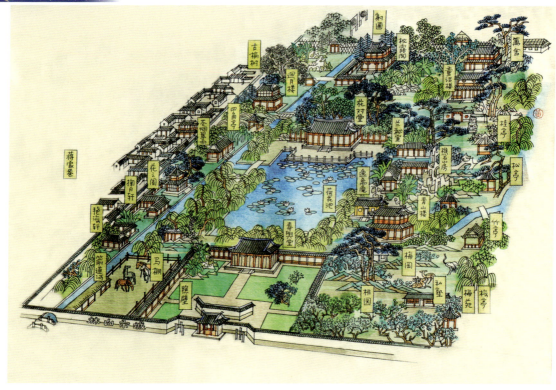

珠媚园复原示意图

　　这期间，顾养谦与都指挥李成梁紧密合作，率部与女真、蒙古、倭寇大小数十战，连战告捷，威震疆域。顾养谦为国御敌，屡建奇功，且治世有方，一时辽东"萧瑟三关夜无盗"。顾养谦实际上为明朝解决辽东边患赢得了三十年的窗口期，但最终被昏招迭出的朝廷错过了。

　　万历二十一年（1593 年），时任蓟辽总督的顾养谦，受命处理朝鲜战争后事。这是他一生戎马生涯最辉煌的时候。一年后，因为顾养谦提出的重点防范满洲之敌策略与朝廷严重不合，顾养谦请求辞去官职，始得衣锦还乡。

　　顾养谦虽常年在外，却时刻牵挂着家乡。万历三年（1575 年），时任广东按察使司副使的他回通，见狼山浮屠尽毁，金刚殿没于江中，于是商请官吏，并参与重建。又见地方志书长久没纂修，遂组织人修订。他为家乡所撰述的《重修狼山寺记》《重修狼山藏经阁碑记》，以及由他题额的《新筑钟秀山碑记》等石碑，现仍存狼山等处。

现存南通博物院的珠媚园美人石

退居家乡后，顾养谦拒见旧部，不言边功，只在城北盖起一座"山楼水榭胜甲一城"的珠媚园，其美学品位在当时首屈一指。此后，或与友人吟诗论文，或于书斋静心著书。顾养谦文学艺术造诣不可小觑，他精于行书、草书、篆书，风格遒劲利落，气势恢宏博大；他工诗善吟，文笔优美，散文成就很高。

万历三十二年（1604年）正月十二日，顾养谦驾鹤西去，享年68岁。万历皇帝下旨祭文，赞扬他在卫国战争中是"东南之屏障"，赐谥号"襄敏"，赠兵部尚书，入祀乡贤祠。

顾养谦的故居位于今人民路老天宝银楼、南通书城一带，因人民路扩建时被改造掉了。珠媚园旧址，现为通师二附，昔日美景都已经被湮没在沧桑里。

珠媚园的旧物，目前存世的有现存于南通博物苑的那块美人石。张謇为之写了一篇《博物苑美人石记》，记述了这块"明顾大司马珠媚园物"的流浪历程，镌刻在美人石上，成为一段值得铭记的历史。

胡长龄像

胡长龄：南通城里的第一个状元

"我家小筑城之北，细水春流直绕墙。行过石桥西畔去，丛篁深覆读书堂。"

在离家多年以后的某一天，从南通城走出的第一个状元胡长龄，忽然想起了故园的春色，即兴写下了这首题为《家园杂忆》的七言绝句，以怀念他的衣胞之地——位于千里之外南通寺街上的故居。

胡长龄，字西庚，号印渚，乾隆二十三年（1758 年），出生于南通寺街的一座明代住宅里（今寺街 126 号）。这是一座明代建筑，距今已有 400 多年历史。乾隆五十四年（1789 年），胡长龄大魁天下得中状元后，按照惯例修建了状元府，从而将其家宅邸延伸到了寺街 125 号和胡家园1号。

虽说是状元府，其实，老宅、新宅加上花园、家庙，总面积也不过只有区区4亩。新宅为清式硬山顶飞檐结构的青砖瓦房，较周边普通民居略微高大宽敞一些。朝南的大门上饰以竹片拼接的几何图案，并用铜钉钉实，以红漆髹刷，门框为黑色，整体显得庄严稳重。大门外有两只石狮，对面为八字墙照壁，大门与照壁间辟有一方麻石铺就的开阔场地，这是供宾客停轿驻马的场所。

当年在修建状元府时，官府曾打算征用南边范家的宅地，以建成前宅后园的传统格局。但是，胡长龄坚决不同意损及邻居的利益，故而那座不甚规整的花园只能局促地建在了新宅的东边。

胡长龄为官清廉，并无余钱添置田产，也无暇修治庭院，只是在嘉庆初年回乡丁父忧时，将几已荒废成菜地的一方小园略加整修，是为"绿荫园"。胡长龄孝服期满便又去了京城，以后到各地任职，很少回通居住。但鸟语花香的绿荫园却成了一方胜迹，为南通的文人雅士所推崇。

据清史记载，胡长龄"才誉卓著"。他自幼聪颖敏慧，9岁这年适逢乡试，便吵着也要去应考。父亲见他一心要上考场，只好带他前去。因为个子太小，胡长龄骑在父亲的肩上进入考场的。主考官见此情景不屑地说道："将父作马，岂能应考？"不料，胡长龄当即回应："望子成龙，有何不可？"在场者无不惊诧。

乾隆四十四年（1779年），刘墉（就是传说中的刘罗锅）任江苏学政，来通州贡院考试秀才。考试阅卷完毕后，乘船离开通州，当地官员、新科秀才全部排定在河岸恭送。学台刘大人登舟时，忽见七只鸭子在垂柳下浮游，触景生情，冲口道出："七鸭浮水，数数三双一只。"要求秀才对出下联。众人苦思冥想之际，其中一人高叫"宗师"，打破了沉寂，此人新科秀才胡长龄。他朗声应对："尺蛇出洞，量量九寸十分"。对仗工整，珠联璧合，刘墉对这位青年才俊频频点头。由此，胡长龄之才在通州也传开了。

关于胡长龄的才思敏捷还有一个经典故事。某日，乾隆皇帝与胡长龄闲聊时，得知他是通州人氏，便随口吟出个上联："南通州，北通州，南北通州通南北"——当时，在河北境内也有个通州，称"北通州"。上联既出，大臣们皆面面相觑，唯胡长龄脱口而出："东当铺，西当铺，东西当铺当东西。"

胡长龄考得中状元，有传说是因为他的名字取得好。胡长龄参加殿试那年，乾隆帝已经79岁了，主持殿试时，看到胡长龄的名字，非常高兴地说："胡人乃长龄呀！"清廷皇家为北方"胡人"是不争的事实，胡长龄这个名字的意思，正合年事渐高的乾隆期盼长寿的心思。皇上一高兴，就把胡长龄定为第一名。据说，民间还有好事的文人写了一篇文章，叫《胡长龄以名得大魁》。

胡长龄是一个清正廉明、刚正不阿的官员。传说他与奸相和珅的一段故事耐人寻味。胡长龄考中状元后，按礼制，应向中堂大人和珅执门生礼。胡长龄对于和珅的为人奸诈、贪赃枉法极为不齿，不愿与之结交。和珅十分恼火，就让胡长龄在薪俸微薄的翰林院修撰任上蹉跎了好几年。

同僚怕胡长龄得罪和珅太深，就在和珅做寿时，背地里用乌贼鱼的墨汁仿照胡长龄的笔迹写了一副寿联，送给和珅，并解释说，由于胡长龄穷得连一件像样的衣服都没有，所以不能前来贺寿。和珅以为胡长龄变得"懂事"了，就决定放他一马，让他去了山东任学政一职。

嘉庆年间，和珅倒台，家中被抄。皇帝发现朝廷大臣与和珅都有信札往来，唯独没有胡长龄的只字片言——原来用乌贼鱼墨汁写字，时间一长，字迹就会自动消失。

此后，胡长龄凭着自己的正直、廉明和精干，终于得到嘉庆皇帝的赏识，官职逐步提升，最终位及礼部尚书。身居高位后，胡长龄更加勤勤恳恳、兢兢业业，终因夙兴夜寐、操劳过度而累垮了身体。嘉庆十九年（1814年），皇帝批准了他的请求，让他回乡休养。可是，重病缠身的他却在归途中，病逝于山东德州境内的船上，终年57岁。

胡长龄一辈子唯一的爱好是读书，过目成诵。那时照明靠蜡烛，每天晚上，他读书要耗掉"燃烛数寸"。胡长龄比较偏好读经史方面的书籍，他擅长诗赋，史学造诣尤其深厚。他位列"江东三俊"（另有马

胡长龄（沈启鹏 绘）

位于寺街的胡长龄故居

有章、李懿曾）之一，与山阳汪廷珍合称"汪经胡史"，著有《三余堂存稿》等。

　　胡长龄虽官至尚书，却一生清廉，身无长物。时隔数百年，唯有寺街上还现存的那几进老屋，诉说着当年的风采：绿树映水覆为门，关山细雨几销魂。

丁有煜作品

丁有煜：
江北江南"个道人"

清代书画大师郑板桥有一副传世的对联："秋风秋雨双薇树，江北江南个道人。"这是为他的画友、南通名士丁有煜及其所居的双薇园而作。南通著名画家李方膺，与丁有煜交谊甚深，高山流水，"雁行六十年"；大才子袁枚在丁有煜逝世后惋叹："个道人亡，江北无名士矣。"

这位"个道人"究竟有何魔力，竟让江南江北文艺圈为之倾倒？

丁有煜（1683~1764年），字丽中，号个堂，别号狂竹园丁等。他尤擅画竹，因"竹不离个"之故，自号个道人，晚年又称个老人。

丁有煜祖居海门，出身于名门世家。康熙年间，海门坍没于江后，丁氏家族迁至通州定居。丁有煜为通州静海乡（今通东地区）附贡生，这应该是他的学籍所在地。无论是其父丁腹松所住的军山南岭，还是丁有煜本人栖居的城南双薇园，都

25

《南瓜图》（丁有煜 绘）

妥妥属于崇川地界。

　　丁有煜幼时便在父亲的教诲下，勤学诗文，并曾入太学受业。科考屡试不中，遂放弃举业，转而致力于古诗文辞、水墨绘画与篆刻，常与远近的文人雅士诗酒酬酢，挥毫泼墨。

　　地方志中记载，丁有煜"肆力诗、古文及篆刻、水墨画，远近名流，联吟无虚日"。于地方诗坛"主盟四十余年"，也是江淮地区印学流派——"东皋印派"的代表人物。

　　丁有煜是一位和"扬州八怪"齐名的重量级书画大师。他与"八怪"中的金农、黄慎、郑燮、罗聘等人交往甚频，与同城的李方膺更是莫逆之交。其画风与"八怪"相互影响，其成就也不在诸公之下，因此有"外八怪"之誉。

　　个道人久处乡野，终身不仕，其书画追求个性解放、善于创新，反对墨守成规，笔墨技法受明代画家徐青藤和通州人顾聪的影响。他的水墨画题材以梅兰竹菊四君子居多，蕴意其中。其画竹，竿如金削，叶似铁铸，自题"竹从胸中来"。

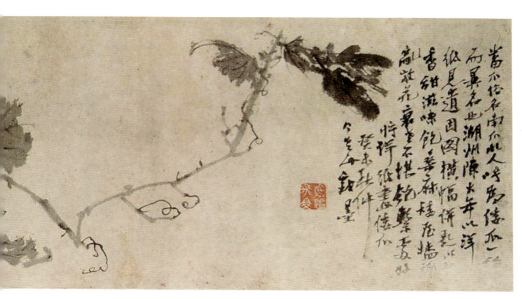

郑板桥《题高凤翰菊石图》记述了一件事，从中可看出他对"个老人"很是推崇。郑板桥写到：我自兴化来到通州，拜谒过老人后望洋兴叹。"巧取"了个道人画的四幅墨梅，那都是由他自己收藏、不轻易让人看的作品。老人只是笑笑并不责怪。个老人最看重高凤翰先生的作品，为了抚慰他渴求的愿望，就让仆人往返千里，取来了高凤翰画的墨菊花奉献，包括我所作诗、画数幅一并呈上，可这些还是抵不上他给我的画幅分量重呵。

南通博物苑藏有一幅《丁有煜坐石图》，是黄慎为74岁的个道人所作。令人赞叹的是，两人当时并未谋面，此幅画像是黄慎根据他人描述隔空为丁有煜写生，却成为为其人物肖像中不可多得的精品。

当时，丁有煜因足疾谢绝酬酢，日常生活依靠书童孙柳门照拂。孙柳门对丁有煜忠心耿耿，一直渴望能得到一幅名家所绘丁有煜画像以为千秋供奉。乾隆二十年乙亥（1755 年），"扬州八怪"之一的黄慎造访如皋丰利文园（今如东丰利镇）。孙柳门获悉，修书求黄慎为丁有煜画像。黄慎依据孙柳门的信中所述，欣然提笔，为"个老人"创作

《丁有煜坐石图》（黄慎 绘）

工笔素描肖像《丁有煜坐石图》。画中人物神形兼备，曾被《中国古代书画图目》著录。丁有煜本人见后，甚是满意，在卷后题识并附《自传》一诗。

乾隆二十五年（1760年），郑燮寓居通州，居住在秦灶保培基之井谷园。孙柳门听闻这一消息，转请李方膺的书童郝香山，持《丁有煜坐石图》，求郑燮题跋。郑燮感动于孙柳门对丁有煜的忠心，欣然挥毫"好藏之"三字，并附题："郝香山，晴江李公之侍人也。宝其主之笔墨如拱璧，而索题跋于板桥老人。孙柳门，又个道人之侍人也。宝其主之笔墨与香山等，而又摹道人之照而秘藏之，以为千秋供奉，其义更深远矣。用题28字：'嗟予不是康成裔，羡此真成颖士家，放眼乾坤臣主义，青衣往往胜乌纱。'板桥郑燮识。"钤"七品官耳"印。

同年九月，袁枚由金陵来如皋小住。他本打算由如皋前往拜访丁有煜，因故未能成行。就在此时，孙柳门转请郝香山携《丁有煜坐石图》请袁枚作跋。袁枚欣然应允，在卷末题长篇韵语和后记："庚辰九月小住如皋，慕崇川个道人名，欲访未成。……未见先生于山中，先见先生于画中，何缘之奇也。"表达了自己对丁有煜为人和才华的仰慕

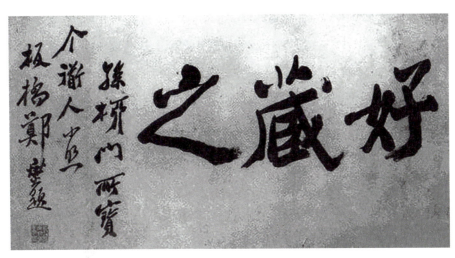

郑板桥为个道人小照题字"好藏之"

之情。

一幅《丁有煜坐石图》，关联了丁有煜、黄慎、郑燮、李方膺、袁枚等多位名家。这是丁有煜朋友圈的精彩呈现，也是那个时代文人彼此间惺惺相惜，如高山流水般深情厚谊的真实见证。

在书画作品之外，丁有煜的诗作，也在后世备受关注。他的诗集大都收录在《双薇园集》《双薇园续集》和《与秋集》之中。然而，这三部诗集在乾隆四十七年（1782年），均遭禁贬，全部遭到焚毁，此时丁有煜已去世十八年。《清代禁毁书目》只列集名，但未注禁毁原因，可见当时文字狱罗织之甚。丁有煜的诗，表达了眷怀故国、期望未来的深沉民族感情。如《中秋风雨》写道："天心应忌满，此夜月羞明。愁于欢时伏，光从敛处生。"或许其中的"忌满""月明"字眼触碰了文字狱的"警铃"。

但是这几部诗集在"焚书"的烈焰过后，依然存续至今，只是不容易找到了。据说《四库禁毁书丛刊补编》中收有《双薇园集》五卷、《与秋集》二卷。2010年10月，上海古籍出版社独家影印出版的《清代诗文集汇编》，精装800巨册，其中收有乾隆十五年刻本丁有煜的诗集《双薇园集》。个道人的诗作如，寒潭秋水、古木丹枫，一派磊落天真之气。

丁有煜曾自题诗《自传》中云：“道人性褊，不容人过，而热肠似火。心之所用，每屈于手，怏怏者不自禁其终日也。”

个道人性情之真率、随性、热忱、孤傲，惊鸿一瞥。

Tips

丁腹松传奇

丁有煜的父亲丁腹松也是一个有故事的名人。丁腹松（1659~1739年），字木公，号挺夫。康熙二十三年（1684年）中举之后，曾被权相明珠聘到府里，教其子孙读书。明珠的儿子中，纳兰容若为一代才子，有人因此认为丁腹松是纳兰容若的老师。二人是否有师生之谊，有待资料证实。徐珂《清稗类钞》中记载了一则“丁腹松辞馆”的小故事，流传甚广，说的是丁腹松拒绝明珠的拉拢，最终在其罢黜后未受牵连。

康熙四十二年（1703年），丁腹松中进士，官授内阁中书。康熙五十年（1711年）外放任陕西扶风县知县。他在任上政绩斐然，声名远扬，位列秦中第一。康熙五十八年（1719年），丁腹松因体弱多病辞官归故里。扶风百姓闻讯后，拦住他的车马，舍不得让他离去。

回到家乡后，丁腹松居于军山南岭。某年春汛，江水涨潮，夜半泛滥上岸，五山附近的老百姓慌忙投奔居于高处的丁家。丁腹松令家人拿出家中所有衣物供乡亲们御寒，并施粥两天两夜，解救灾民800余人。

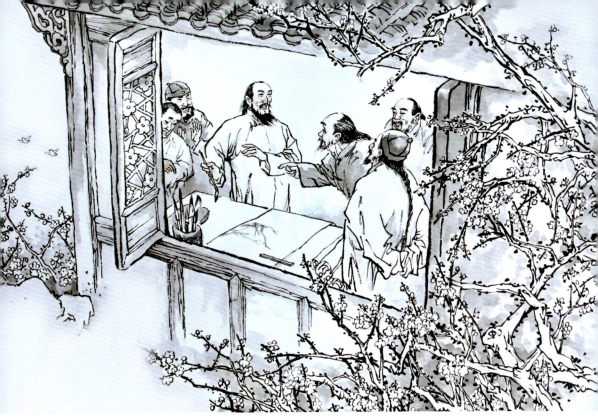

梅花楼（丁鸿章 绘）

李方膺：一生知己是梅花

　　"扬州八怪"，是清康熙中期至乾隆末年活跃于扬州及附近地区的一批风格相近的书画家总称，美术史上也称其为"扬州画派"。之所以称"怪"，是因为他们画风狂放不羁，不落俗套，成为中国绘画史上的杰出群体。南通诗画名家李方膺，是"扬州八怪"中的重要画家之一，其人生正气与艺术成就，三百多年来一直为后人仰慕。

　　李方膺（1697~1755 年），字虬仲，号晴江，还用过抑园、啸尊者、衣白山人等"艺名"。李方膺的故居，坐落在南通城内的寺街历史文化街区。

　　李方膺既不是扬州人，又没有久居扬州，何以成为"扬州八怪"之一？关于这个问题，答案有三：第一，通州于雍正元年（1723 年）前，是一个属于扬州府的散州。李方膺于康熙五十六年（1717 年）入学时，

李方膺故居

籍贯便是扬州府通州，因此他是广义的扬州人。第二，李方膺的人品、画品及艺术成就与其他七人相当。第三，李方膺与"扬州八怪"诸公过从甚密，相互间惺惺相惜。

李方膺少年时曾立下人生目标："奋志为官，努力作画。"逐梦画坛，是李方膺一生矢志不渝的追求，而做官这件事，则是受到他的"老干部"父亲李玉鋐影响，他也是因为随父进京朝觐而踏入仕途的。

李玉鋐曾受到雍正皇帝三次召见，均委以重任，官至福建按察使。雍正七年（1729年），李玉鋐到京城述职，33岁的李方膺随父前往。雍正听李玉铉汇报得不错，怜悯他年老，问："有儿子和你一同来么？"老李说四儿子方膺同来。雍正问，他什么职务，能胜任当官吗？老李实话实说这个儿子是个生员，性格憨直，不宜做官。雍正帝听后笑着说，还没听说过女人先学着生小孩而后结婚的，男人当官就像女人生娃，天生就会的。召见之后，特地交代权臣河南总督田文镜，给李方膺安排一个合适的官职。这一年，李方膺成了山东乐安知县。这一段经历并非演义，而是李方膺的挚友、大才子袁枚写在《李晴江墓志铭》中的，显然是李方膺生前与袁枚亲口所述。

李方膺的宦海沉浮，还真的应验了其老父亲的预判。他为人刚正不阿，且一身艺术家气质，心里只有百姓，而不按官场的潜规则行事，因此屡屡得罪顶头上司。正如袁枚所言："晴江仕三十年，卒以不能事太守得罪。"

雍正八年（1730 年），李方膺刚当上乐安知县不久就遇到水灾。救人要紧，他毅然破除县官不得擅自动用粮仓的成例，因开仓赈灾来不及请示上司，知府弹劾他"擅动官谷"，这次幸亏有田文镜力保才度过危机。雍正十年（1732 年），李方膺因为政绩斐然，署理了一段时间莒州知州。

雍正十三年（1735 年），调任山东兰山知县的李方膺遭遇了一段至暗时刻。河东总督王士俊下令开荒，李方膺据实情，指出这个政策"借垦地之虚名，而成累民之实害"。被勃然大怒的王士俊扔进了监狱，吃了一年冤枉官司。李方膺为保护百姓而获罪，兰山县的父老乡亲纷纷前来，把粮食等慰问品从狱墙外面往里扔，连屋头上的瓦沟都被填满了。

幸亏不久后乾隆即位，王士俊终以"累民"之罪被查办，李方膺平反复职，"兰山冤案"至此了结。乾隆四年（1739 年），由于父亲去世，李方膺丁忧回到通州。后来母亲又去世，直到乾隆十一年（1746 年）起复回到职场，李方膺已经年过半百。在家乡的这段日子里，李方膺除了潜心钻研书画艺术，还完成了《莒州志》的修订工作。

李方膺官场生涯的尾声在安徽，历任潜山县令、权署滁州知州，最后一站是合肥知县。蹉跎二十载，还是个七品芝麻官，这官还当得

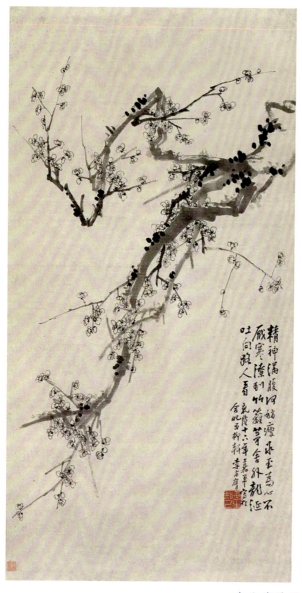

李方膺作品

不太平。乾隆十六年（1751年），李方膺再次遭遇了被知州弹劾的噩运，他因为不愿曲意奉承上司，遭陷害而罢官。此时，他已经55岁。

李方膺脱离官场后，在南京寄居项氏借园，自号借园主人，常往来扬州卖画以资衣食，画上钤"换米糊口"之印。他与居住在南京的大诗人袁枚和篆刻家沈凤过成为莫逆之交，时常联袂出游，时人称之为"三仙出洞"。

李方膺善画松、竹、兰、菊、梅、杂花及虫、鱼，也能人物、山水，尤精画梅。作品纵横豪放，墨气淋漓，粗头乱服，不拘绳墨，意在青藤、白阳之间。画梅以瘦硬见称，老干新枝，欹侧盘曲，题画梅诗有"不逢摧折不离奇"之句。好友袁枚称赞李方膺画梅"于古法未有""画到神情飘没处，更无真相有真魂"。袁枚有诗赞曰："傲骨郁作梅树根，奇才散作梅树花。孤干长招天地风，香心不死冰霜下。"

实际上，李方膺爱梅，是爱梅的秉性，爱梅的品格，是自我人格的外射——"识者谓李公为自家写生，晴江微笑而已"。可见，梅花是李方膺平生知己。当年他代理滁州知府，到了地方，先不见人，直接赶到醉翁亭，找到欧阳修种的那棵古梅树，树下铺上锦褥，纳头便是三拜。李方膺在其生命最后一年所作《梅花卷》的题记中写道："知我者，梅也；罪我者，亦梅也。"

李方膺还喜欢画狂风中的松竹。画风竹也是有寓意的，就像他在另题《风竹图》中所写："波涛宦海几飘蓬，种竹关门学画工。自笑一身浑是胆，挥毫依旧爱狂风。"

一代书画大师郑板桥，墨竹是其最拿手的绝技。但他对李方膺的画艺极为佩服，在《题李方膺墨竹册》中认为李的墨竹是"东坡，与可畏之"，意思是连画墨竹的圣手苏轼、文同看到都会敬畏。郑板桥在《题李方膺画梅长卷》中题曰："兰竹画，人人所为，不得好。梅花，举世所不为，更不得好。晴江李四哥独为于举世不为之时，以难见工。故其画梅，为天下先。"同时，题诗曰："梅根啮啮，梅苔烨烨。几瓣冰魂，千秋古雪。"

李方膺的画作，有不少被国内外博物馆收藏。南通博物苑还珍藏着李方膺所用的一方石砚，背面有其自撰的一段铭文，其中的"心要虚，气要清，骨要坚"九个字，道出了他的人生追求。

乾隆二十年（1755年），在南京卖画五个年头的李方膺，因身体不适回乡。这年秋天，李方膺一病不起，去世前一天，他写信托袁枚写

《通州直隶州志》记载李方膺父子墓于河口小河岸

出自李方膺墓区的铜镜

墓铭。临终前，他在自己的棺木上写下一生的遗憾："吾死不足惜，吾惜吾手！"

李方膺去世后，葬于南通城西北陈桥十八里河口。据清光绪《通州直隶州志》记载："按察使李玉铉宅在州治西寺街，墓在州西运河口北小河。子合肥县知县方膺祔墓右。知县袁枚志。"目前，包括李方膺墓园在内的十八里河口，已成为南通市首批地下文物埋藏区。

位于寺街内的梅花楼，曾是李方膺赏梅、画梅的诗意栖居之所，现有遗墨可以证明"扬州八怪"到访过此处的，就有郑板桥、李鱓、黄慎、罗聘。李方膺的挚友、个道人丁有煜曾在文章中记录下乾隆七年（1742年）的一场雅集，"通属皋、泰两邑墨士文人聚集崇川，适晴江招同人饮梅花楼，杯盏残菊，款洽依依"。彼时的艺林名苑梅花楼，现已难觅踪迹，唯有楼主李方膺故居院落尚存，庭院内的古树寂寞生长。

《全台图说》展示

周懋琦：力证钓鱼岛为中国领土

在濠河之滨的中国珠算博物馆一楼历史展厅，陈列着一把特殊的算盘——子玉算盘。在一百多年前，其设计者是从南通走出去的清代台湾知府周懋琦。

周懋琦是一位清勤尽职的爱国官员，曾三上台湾岛，并两任台湾知府。他所撰写的《全台图说》，成为钓鱼岛自古就是我国领土的铁证。

周懋琦（1836~1896年），字子玉，号韩侯。祖籍安徽，是绩溪周氏第32代传人，因祖上经商而迁居南通。周宅后门及门板上木刻的一副对联十分醒目："莳花须放出头地，种石要立定脚跟。"他的故居位于崇川区西南营历史街区掌印巷内，分东西两部分。目前，大门与西宅保存尚属完整，西宅现已成为南通市级机关幼儿园的一部分。

咸丰十年（1860年），徐宗幹奉旨在通州办团练，看中周懋琦，招其入幕府，协助自己做事。之后，又举荐他步入仕途。周懋琦先后在台湾、福建、湖北任职，官至赏一品封典二品衔，其居官以"清苦忠直"自励。

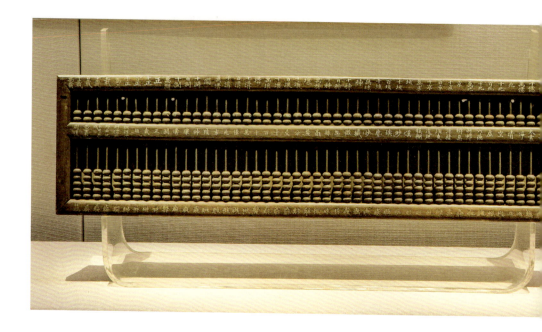

　　周懋琦的官场生涯，正逢中国近代史上"落后就要挨打"的暗黑时代。作为一位极具爱国情怀和强国梦想的学者型官员，周懋琦宦迹涉及福建、台湾、天津、湖北等地，并曾作为福州船政局的提调道员率留学生赴英、法留学，为清末洋务运动的一位踏实的践行者。

　　同治十一年（1872年），周懋琦出任台湾知府。在台期间，周懋琦兴水利、筑道路、崇祀典，安抚原住民。他领导修建了台湾第一个水库——虎头埤水库，建设了抵御外来侵犯的安平炮台，建议并捐款修建延平郡王祠，确立了郑成功在台湾的地位。周懋琦在台湾与外国势力进行外交交涉中，表现出强烈的爱国意识，受到"心精力果，识裕才长，操守清廉，士民爱戴"的好评。

　　同治十三年（1874年），日本出兵台湾，制造了"牡丹社事件"。清政府派福建船政大臣沈葆桢赴台办理交涉，周懋琦也参与了前敌谈判。事平后，周懋琦组织福州船政局学员开始对台湾全境测绘。图成，周懋琦撰写了《全台图说》，记载了台湾的疆域区划，其中关于"钓鱼台（岛）"的一段记录"山后大洋有屿名钓鱼台，可泊巨舟十余艘"，

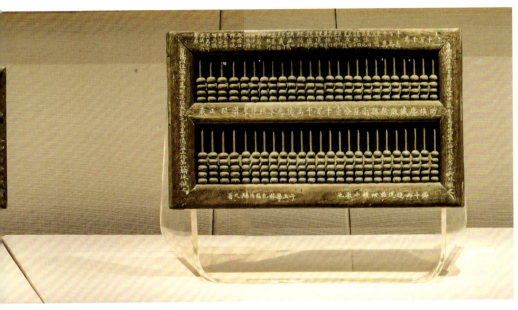

周懋琦独创的子玉算盘

成为钓鱼岛自古就是中国领土的重要历史证据。

光绪四年（1878 年），周懋琦写给父亲的一封家书里，详细描述了他在台湾参与"开山抚番"的经历，讲到自己"一生只剩皮与骨而已""刻下亦无分文也"，而这也成为他一生"清苦忠直"的最好写照。

在福建任职期间，周懋琦于 1886~1889 年间在福州船政局参与设计制造了"龙威号"。"龙威号"是中国第一艘全钢甲巡洋舰，拥有装甲甲板、环水线装甲带、装甲加厚司令塔，满载排水量 2650 吨，代表了当时中国造船工业的最高水平。龙威号服役后，北洋海军总教习琅威理对该舰检查后甚为满意，于 1890 年 5 月 16 日调归北洋海军，更名为"平远号"。在著名的黄海大东沟海战中，原先作为"替补队员"的平远号增援战场，冒着炮火冲向日军旗舰松岛号。对射中，平远号前主炮重创了松岛号。

在中国珠算博物馆内，周懋琦所使用的算盘上行有四排珠子，比普通算盘多出两排，算盘上面所刻众多的计量单位和进位关系则更加罕见。与这把算盘同时展出的，还有平远号军舰的缩微实体模型。因为两者同时展出，民间广为流传的说法是：当年周懋琦在设计、建造平远号时，就是用这把算盘演算出大量数据。

这把算盘是在1985年第一次全国文物普查期间发现的。围绕这把算盘与平远号之间联系的考证一直在继续。目前可以肯定的是，周懋琦确定用过这把算盘。光绪十年（1884年），周懋琦出任福州船政局提调道员时设计、制作了这把算盘，这把算盘最初的用途是周懋琦向外国教习学习天文历法；此后的1886~1889年，周懋琦在福州参与设计、制造平远号，确实有大量的数据要演算；在当时科技不发达的情况下，使用算盘是许多人的常见选项。

1896年，周懋琦殉职于湖北任上。因为在台任职期间建树颇丰，台湾各界直到现在都举行仪式纪念周懋琦。

范当世：同光诗坛一代宗师

范当世与《南通范氏诗文世家》

说起范当世，关注南通历史文化的人都知道，他是范氏诗文世家的一位杰出代表，清末文学家，著有《范伯子诗文集》。他还是张謇先生自少年时代便结交的挚友，也是南通近代教育的主要倡导者和奠基人之一。

以诗闻名的范当世，在他所处的时代，放在全国诗坛的范围考量，究竟有着怎样的"咖位"？对此，好多现代人并不是很清楚。

同光体诗歌首领，也是当时的诗坛领袖陈三立（散原）赞叹范当世的文采："苏（轼）黄（庭坚）而下，无此奇矣。"并作诗称赞："吾生恨晚生前岁，不与苏黄数子游。得有斯人力复古，公然高咏气横秋。"可谓倾倒备至。因为对范当世钦佩不已，陈三立还与其做了儿女亲家。桐城派名家吴汝纶先生认为"当今文学无出肯堂（范当世字）右者"。

41

吴汝纶以诗为媒，促成桐城姚家与通州范家两个文学世家的联姻，范当世娶了桐城派古文宗师姚鼐的侄曾孙女、女诗人姚蕴素为妻，成为诗坛佳话。

吴汝纶公子吴闿生在其编订的《晚清四十家诗钞》中，将范当世冠于卷首，所收录的诗作也最多。晚清的诗人夏敬观认为同光体的开派宗师应数范当世，并在《读范伯子诗集意题其后》中说："齐楚太邦真不愧，同光诸士谁能雄？"汪国垣在《光宣诗坛点将录》中，以"天猛星霹雳火秦明"来比拟范当世。钱仲联《近百年诗坛点将录》则以"天雄星豹子头林冲"属之。可见在评论家眼中，范当世是一名纵横诗坛、独当一面的猛将。

这位被学界推崇备至的诗文大家，于清咸丰四年（1854年）七月初四，出生于通州城寺街内四步井老宅，因排行居一，世称范伯子。南通范氏是赫赫有名的诗书世家，为北宋名臣范仲淹的直系后裔。作为自明代范应龙起的范氏第九代诗人，范当世与弟弟范钟、范铠，皆负文名，世称"通州三范"。

范当世幼即聪颖警悟，15岁时首次参加州试取得第二名，17岁院试为廪贡生员。但此后他九次应南京乡试，未得一第。

尽管科举之路走得并不顺利，却让范当世结交了一批意气相投、声气相求的朋友。范当世与张謇、顾锡爵、周家禄、朱铭盘，并称"江淮五才子"。他们研讨学问，关心国事，促使了当时通州"士风稍隘，识分敦静"风气的转变。范又与张謇、朱铭盘，合称"通州三生"。

范当世与张謇的友谊，自青少年时代就已开始。同治八年（1869年），他们在西亭求学时认识，当时张謇17岁，范当世16岁。两人心心相印，但个性不尽相同，范称张"季直堂堂貌城府"，张称范"白狼小范最能狂"。

对于与范当世的深厚友谊，张謇认为"张范生死之交"，已超越"元白比邻之雅"。无论是在寺街范家，还是常乐张家，都留下他们相互交流、情同手足的身影。同治十三年（1874年）正月，张范二人雇了两匹马，一起纵马畅游五山，张謇专门写下《偕肯堂游五山》的游记，记述了

范当世故居客厅

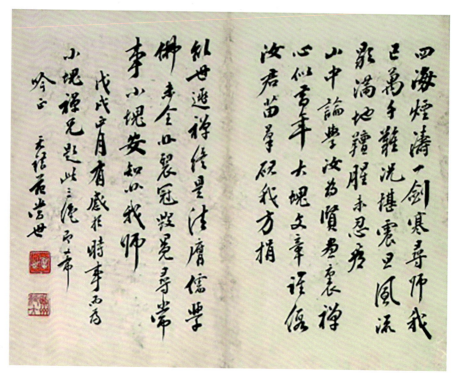

范当世手迹

这段青春飞扬的岁月。

　　光绪六年（1880 年）三月，张謇回吴长庆军幕，范当世、朱铭盘陪他一起前往浦口。三人在舟中作了四首联句诗。就是这一次，范当世经张謇推荐，向古文大师张裕钊请教，与张謇一样成为张裕钊的得意门生。

　　范当世 25 岁负笈出游，在跟随张裕钊学习的过程中，参与其主持修纂的《湖北通志》工作。光绪八年（1882）三月，张謇向时任冀州知州的吴汝纶推荐了范当世，但其因故未能前往。直到三年后，范当世北上主持观津书院。

　　与张裕钊同为"曾（国藩）门四子"的吴汝纶，对范当世非常赏识。吴汝纶同时十分欣赏桐城派才女姚蕴素的诗才，于是通过热心传递两人的作品，促成了两大文学世家的千里联姻。光绪四年（1878 年）冬，这对名士才女终成眷属。

南通范氏诗文世家研究成果

　　姚蕴素，字倚云，是当时享誉两江文坛的女诗人。后来成为张謇等创办的南通女子师范学校第一任校长，世称"范姚夫人"。

　　与姚蕴素的完婚，不仅消弭了范当世原先的丧妻之痛，更促使他进而搜研桐城姚氏文学的精义。婚后的范当世决意不再参加进士考试，明确提倡学习西方进步文化。官宦世家出身的姚蕴素对此表示了极大的理解和支持，她坦然地对丈夫说："一生师友恩情重，半壁江山感慨多。便学鸿光能举案，由来孔孟末登科！"范、姚结婚十五载，他们始终是一对诗友。正如姚蕴素所言："我和伯子名为夫妇，实为朋友，为师生，为知己也。"

　　光绪十七年（1891年）三月，范当世经吴汝纶推荐至天津李鸿章家，担当李氏儿子李经迈的家庭教师。这时李鸿章权势隆盛，范当世名为"家教"，实际上也是幕僚。范当世如想做官，也是唾手可得的事，但他却不为所动。范当世到天津时身体已经有病，李鸿章请西医给他看病，颇有疗效。尽管在李府不过三年多，范当世对李鸿章一直评价很高。

光绪二十年（1894 年）正月，通州范家又迎来一场与文学世家缔结的婚姻。诗坛领袖陈三立之子陈衡恪（师曾），娶范当世女儿范孝嫦为妻。陈衡恪为吴昌硕的门下弟子，以画、诗、书、印冠绝一时，曾应张謇之邀在南通师范学校任教，范当世也教过这位东床快婿行书。

经过了在广州的一段幕府生涯后，光绪二十七年（1901 年），范当世应通州知州汪树堂之邀，回家乡担任东渐书院山长。不久，清廷诏命各省于省城所属府州县筹设高等、中等、初等学堂。学堂制度的改变，昭示着"新式教育"的到来，这使范当世看到施展自己抱负的机会。

光绪二十八年（1902 年），范当世与老友张謇，以及张师江、孙宝书等人，呈请两江总督设立高等小学校，并抱重病奔走呼号。他与张师江主持筹建工作，同时积极酝酿利用盐义废仓创办公立中学校（今南通中学前身），呕心沥血为办学做了大量卓有成效的实际工作。他还赴江宁兼任了三江师范学堂总教习。此时，张謇兴实业、办教育渐入佳境，范当世抱病为其出谋划策。

可惜天不假年，范当世于光绪三十年十二月初十（1905 年 1 月 15 日）病逝于上海，终年 51 岁。三个月后，通州小学堂正式开学，作为校长的范当世却未能等到这一天。

在范当世去世前五天，张謇前去探望，两人执手诀别。范当世对张謇说："子长我一岁，望节劳。我可死，子不可死，幸记之。"

张謇听说范当世自编的诗文已成，大为欣慰。张謇评论说："论其诗文，非独吾州二百五十年来无此手笔；即与并世英杰相衡，亦未容多让。"

范当世的诗作题材广泛，既有关心国家大事、不满黑暗吏治、仇恨异邦侵凌、同情劳动人民的力作，也有表达文学见解、阐发生活哲理、眷怀亲人、寄赠诗友的佳篇，其平生所作，在同光体诗人中独树一帜。

最懂他的，还是"生死之交"的张季直。

张謇故居濠南别业

追寻张謇的崇川足迹

一山，一水，一人，一城。

这是如今南通人推介自己的城市时最简洁的说法。

一山为狼山，一水为濠河；一人，就是近代实业家、教育家、清末状元张謇先生；一城，正是张謇等先贤营造的近代南通，被誉为"中国近代第一城"。

张謇也被时人称为"张南通"，他的创业奋斗史与近代南通城的发展史已经融为一体。张謇在青少年时代，就曾在崇川大地拜师访友。21 岁时，与挚友范当世策马游五山的一幕，经他自己的笔录，至今已成为其青年时代的一个剪影。而张謇真正走进崇川历史，是从 1895 年他在唐闸创办大生纱厂开始的。

创建大生纱厂时期的张謇

今天要探寻张謇的崇川足迹，可以循着三个目标地来走一走。唐闸、濠河与五山，这三个地方堪称张謇先生平生功业所在，如今都是南通热门的景区，张謇的坚实足印，更为这些地方留下了浓郁的人文风景。

有人说，如果没有张謇，唐闸也许至今还只是一个渡口。

张謇的实业救国之路，是从1895年筹办大生纱厂起步的。经过筹划，他将纱厂的厂址，选定在通州城西北15里处水陆近便的唐家闸。从此，唐家闸正式走进历史，从运盐河（今通扬运河）畔一个寂寂无闻的荒凉村落，一跃成为世界地图上标注的工业重镇，如今更被专家称为"中国近代工业遗存第一镇"。张謇的社会改革蓝图，也是以唐闸工业镇为实验基地，继而将其推广到南通"一城三镇"。张謇总结平生所办社会事业时说，"皆以大生一厂为母本"。

张謇在唐闸开办了大生纱厂之后，又在纱厂周围相继兴办了包括磨面、榨油、制皂、冶铁、桑蚕染织等附属实业群体，构建了一条科学的产业链，也形成中国最早的跨行业、跨部门的民族资本集团。与此同时，张謇还积极启动了唐闸的市政工程建设，辟道路、兴河运、收地引商、建屋启市、开埠通商……一时间，通扬运河唐闸段沿岸工厂林立，商埠繁荣。

走进今天的唐闸，依然能够看到张謇先生筚路蓝缕的遗痕。一百二十多年过去了，从大生纱厂到大生集团，厂区从未间断过生产，这在中国工业发展史上绝无仅有，就是在世界范围内也十分罕见——它堪称中国民族工业的"活标本"。

大生纱厂近代工业遗存保留着原有的历史面貌和格局。现存的历史建筑有大生码头、钟楼、公事厅、专家楼、大生南栈、清花车间等，功能建筑门类齐全，保存现状良好。

当年，张謇先生在唐闸谋划各项事业时，主要办公地点为大生纱厂内的公事厅。公事厅建造于 1900 年，前面大院两旁有张謇亲手所植的两棵绿植，一株是紫薇，一株是蔷薇，如今枝繁叶茂，生机盎然。楼上有五间房，是当年被大生职工称为"四先生"的张謇与其助手在厂时的办公及住宿之处。现已辟为"大生厂史陈列室"。

张謇对自己的住宿和办公地点可以将就，而对于专家则是优厚备至。大生专家楼建于 1897 年，比公事厅的建成还要早三年。建厂初期所聘英国工程师汤姆斯和机械工匠泰纳，掌管了工厂的技术大权。这座叫"专家楼"的小洋房，就是专门建造给这些外国工程师技术人员居住的。工程师汤姆斯年薪达 5000 多两，是张謇的 25 倍。张謇最高年薪为 200 两，还分文不取用于办教育了。

洋专家的傲慢和国外的技术垄断，激起了张謇发奋图强之心。他创办资生铁冶厂，就是为了培养自己的机械工人队伍。这家工厂在 20 世纪初仿造了英国亨利夫布机千余台，这是中国人自己制造的首批机械化布机。张謇先生还在唐闸创办了纺织传习所，即后来的南通纺专、南通纺织大学等，意在培养自己的纺织技术人才。

1915 年，位于濠河之滨的濠南别业建成，张謇在经营南通二十年后，总算有了一个固定的家园。此前，张謇在南通的住宿可以说"居无定所"，他事业的重心在哪里，就在那里住下，大生纱厂、通州师范、博物苑，这些地方张謇都曾住过。

濠南别业落成后，张謇举家迁入。此时的张謇，因为对袁世凯倒行逆施的愤恨，辞去农商总长等职南归，彻底退出了政界。而他在南通的各项事业也处在蒸蒸日上之时，安家于濠河畔并终老于此，是张謇的一个重要选择。

他的门生江谦作联祝贺："有庇人广厦万间，最后乃营五亩；非举国蒸民饱食，先生何暇安居。"这副对联真切地表达出对张謇在地方兴办实业、教育初具规模之后，才营建自己住宅的感动之情。

张謇与家人在濠南别业合影

濠南别业是张謇在南通的第一座住宅，由南通籍的建筑师孙支厦设计，是一座融园林和住宅为一体的建筑群，主楼是一座英式风格建筑，与濠河北岸张謇三兄张詧的住宅城南别业隔河相望。

张謇之子张孝若有了子女后，家中喧闹，张謇不能安静理事，于是在长桥西侧另建濠阳小筑居住。

张謇故居濠南别业门前有两株百年紫藤，是张謇先生当年亲手栽下的。一株紫色、一株白色，盛开之时，相映成趣，吸引无数游人前来赏花、拍照。每年紫藤花盛放期，这里成了游客的网红打卡地。

沿濠南别业台阶拾级而上，进入二楼大厅，宽敞、明亮，按原样布设的场景，让人想见当年啬翁在此会见国内外名流嘉宾的情形。三楼是一家的主卧室、张謇的书房等，大厅中间是一块张謇当年所书的家训碑。作为爱国主义教育基地的张謇故居，按当年风貌进行了复原展示，并精心布置了《中国早期现代化的先驱——张謇》专题展，成为市民游客缅怀先贤的纪念地。

十里濠河环绕通城，张謇以"父教育，母实业"的理念在南通城创办的社会事业，大多在濠河之滨展开。彼时的濠河并不是今天处处皆景的模样，张謇所安家的城南一带，自古是被人看不起的"叫花子南门"。

1902年春天，当张謇前往城南千佛寺去勘察时，这个接近荒废的古寺内到处是半人高的野草。一次雨后初晴，张謇出入其中，"靴袜尽湿"。他便脱掉鞋袜，像农夫一样光着脚，不以为意地奔走在草丛与泥泞中。一年之后，近代中国第一所民立师范学校——通州师范学校，就在这片泥泞中拔地而起。

1905年，张謇又在濠南的荒地上建起了中国人自己创办的第一座博物馆——南通博物苑。1912年，张謇将城南的东岳庙改造为南通图书馆，捐献出8万卷藏书供市民阅读。

张謇在世时的博物苑路和模范路，如今统称濠南路。当年被称为中国模范县的标志性设施分布在此，自西而东，分别为东公园（园内有中国较早的电影放映场）、中华园（高级饭馆）、有斐馆（高级宾馆）、通师附小（南通最早的高等小学）、图书馆（中国最早的公众图书馆之一）和濠南别业，还有中国博物馆事业的发祥地——南通博物苑。

自1917年起，用了四年多的时间，在西南濠河沿岸建起了东、西、南、北、中五座公园，专门供市民休闲娱乐，并有教育启迪的功能。同时，张謇还在濠河四周兴建了桥梁，如东南濠河的启秀桥和怡亭桥，南濠河的一、二、三、四公园桥，西濠河的跃龙桥。这些既是濠河上的交通动脉，也是五座公园之间的联系纽带。

沿桃花坞旧名而命名的桃坞路始建于1907年，张謇用十多年的时间，使之成为南通城内的新兴商业街。1919年更俗剧场建成开业，1922年占地40亩的通崇海泰商务总会大厦竣工。除了这些地标建筑外，张謇还投资在桃坞路营造了桃之华旅馆和海派的弄堂房，此处成了南通空前繁荣的商业文化街区。

张謇在所创立的近代南通事业大局已定之时，进一步关注濒临长江的五山地区开发建设，以实现他对南通"一城三镇"近代城市的精美规划。

  建设之始，张謇首先从五山林木保护入手。张謇在五山地区建立了苗圃，供应树苗，绿化造林，还建立森林事务研究所开展林业研究工作。张謇对于五山公共游赏景观的规划和建设，使得五山成为江北有名的风景观赏区。1916 年，张謇还在军山之顶创建了中国第一座气象台。

晚年的张謇在濠阳小筑内留影

张謇说过："一个人一生要定三个时期，三十岁以前是读书时期，三十岁到六七十岁是做事时期，七十岁以后又是读书时期。"为此，他晚年在南郊五山一带营造了一些别墅，如林溪精舍、西山村庐、东奥山庄，用来作为老而读书的地方。

不过，即使过了 70 岁，张謇还是没有停下奔波的脚步，寄情于山水的闲暇实在太少。

1926 年夏，张謇的身体已经大不如前。74 岁的他，仍然在为家乡的事业奔忙。从他的日记里可以看到，在人生的最后几个月中，他的工作仍然排得满满的。他的行程包括：购沙田作为男女师范基产；参加女子师范学校二十周年纪念会，发表演说；视察南通保坍工程等。

1926 年 8 月 1 日，张謇感到遍体发烧。但第二天清早，他还是冒着酷暑，偕同工程师前往现场察看江堤，规划保坍工程。在烈日下的工地上，张謇留下了他的最后一张照片。7 日，病势渐重，才开始请医生诊治。21 日以后，病情更加危急。

8 月 24 日中午，这位为中国近代民族工业、教育及社会事业奋斗了一生的老人，在濠南别业里永远闭上了双眼。

1926 年秋，张謇长眠在城市的南郊，下葬时仅有一根拐杖、一顶礼帽、一副眼镜、一只乳牙、一束胎发相伴。如今的啬园内，草木郁郁葱葱，陪伴着一生喜爱植树的四先生。

"天之生人也，与草木无异，若遗留一二有用事业，与草木同生，即不与草木同腐。"

张謇先生的至理名言，激励着一代代人前行。

打开张謇的朋友圈

对于张謇的历史定位，仅以实业家、教育家、慈善家来定义是远远不够的。

在中国近代史几次大的转折处，他都扮演了重要角色：是他将梁启超引荐给翁同龢，开启了维新运动的序曲；是他促成刘坤一、张之洞提出了东南互保，成为地方自治的首倡者；是他发起了预备立宪公会，成为立宪运动的领袖；是他起草了清帝退位诏书，并幕后推动了南北议和，成为"民国的助产士"。

在历史的关键节点上能办成这些大事，这与张謇有着一个非凡的"朋友圈"是分不开的。

张謇与清末民初几乎所有的风云人物都有交往，这当中有清朝的当政者光绪皇帝、摄政王载沣，以及满族大臣善耆、端方；有清流名臣翁同龢、张之洞、沈葆桢；有维新派领袖康有为、梁启超、谭嗣同；有北洋政府的袁世凯、黎元洪、徐世昌、冯国璋，以及唐绍仪与熊希龄；有奉直皖系几大首领张作霖、吴佩孚、孙传芳、徐树铮；有革命先驱孙中山、黄兴、陈其美、蔡锷、章太炎；有国民党元老胡汉民、汪精卫、谭延闿；还有各界翘楚蔡元培、黄炎培、罗振玉、竺可桢、丁文江、吴昌硕等。

在这里，我们仅罗列一批在张謇创办事业中给予帮助的朋友。

翁同龢（1830～1904 年），江苏常熟人。清咸丰状元，历任刑部尚书、户部尚书、工部尚书、军机大臣兼总理各国事务衙门大臣等，同治、光绪两朝帝师。

张謇与翁同龢的结识始于 19 世纪七八十年代之交，当时，张謇在淮军统领吴长庆军中做幕僚，他的政治态度和才干给翁同龢留下了深刻印象，因此，内心一直想擢拔张謇。

　　光绪十一年（1885 年），张謇前往京城参加顺天乡试。翁同龢亲自前往张謇的临时寓所看望，此为他俩的第一次会面，亦为翁同龢奖掖张謇的开端。翁同龢对张謇多方提携的结果，是推动了张謇赢得状元桂冠，又使张謇成为以翁同龢为首的"清流"阵营的重要成员，翁、张也由此结下终身的师生情。

　　维新变法之际，翁、张二人密切配合，翁同龢视张謇为"霸才"。戊戌政变后，翁同龢被"开缺回籍"交地方官严加管束。张謇不避谗言，派人馈赠食品、书籍，还专程去往常熟探望，尽其可能地安慰帮助恩师翁同龢。

　　在唐闸镇通扬运河边矗立着一座三间四柱式的牌坊，这里就是大生码头。牌坊中门左右立柱上镌刻的是大生纱厂初创时翁同龢书赠的对联："枢机之发动乎天地，衣被所及遍我东南。"——这副对联寄托了这位两朝帝师对自己门生事业的祝福与希冀。

　　翁同龢临终前，自拟挽联"朝闻道夕死可矣，今而后吾知免夫"，亲嘱由张謇为其书写。翁同龢去世后，张謇前往吊唁，并助修墓庐。后来，张謇还在南通马鞍山上建了一座楼，以翁同龢墓穴所在地常熟虞山之称命名"虞楼"，以示纪念。

　　王国维（1877~1927 年），是中国近代著名的国学大师，20 世纪 20 年代中期，曾出任北京大学研究所国学导师、清华大学研究院导师。

　　张謇与王国维的交往，缘于通州师范学校。光绪二十八年（1902 年），张謇在南通创办师范学校。翌年二月，王国维因张謇"敦请极挚"，抵达南通担任师范学校教师。张謇聘请王国维主要出于著名学者罗振玉的推荐。

　　初到通州师范学校，王国维担任国文、伦理两门课程的教授。不久，他又主动承担了更多课程，为学校稳定过渡做出了贡献。除了在教学上担当重任外，王国维还积极参与了张謇关于审订管理章程、安排教

　　学场所、选聘新来教师、招收师范考生等诸多事务。由此可见，王国维是张謇创办通州师范学校初期的主要骨干。王国维时年仅 25 岁，但是，张謇对他甚为倚重，在薪酬和生活待遇方面给予了极大的优待。

　　王国维在南通时间虽只有短短一年，但对张謇所创办的事业，以及南通这座城市都充满了热爱。王国维在通州执教期间，遍览本地名胜，还留下若干诗文。

　　陈师曾（1876~1923 年），是湖南巡抚陈宝箴之孙，陈三立（陈散原）

风物聿新（沈启鹏 绘）

風物聿新

張謇制勝中國

第三偶博物館

中國早期現代化的開路先鋒，清末狀元張謇，目擊內憂外患之時局，抱強國富民之理想，在家鄉南通躬行實踐，多所開創。其志向頗得同道裏助。使南通成為享譽全國的「模範縣」，為中外來賓所驚嘆。而南通博物苑之創建，雖為其中一項，卻成為中國博物館事業之發祥。

长子，陈寅恪之兄。1902 年赴日留学，1909 年归国，任江西教育司长，1910 年，受张謇延聘，来南通通州师范任教。在此期间，他常往来于上海、南通两地，与吴昌硕相识，并从其学画。

陈师曾为人坦荡热忱、学识全面深厚、艺术态度包容并蓄，被公认为民国初年北京画坛最有名望的画家之一，其对齐白石的推介与宣传成为画界美谈。

特莱克（1890~1919 年），是张謇"朋友圈"中的外国友人，作为一名水利工程师，他把梦想留在了江海大地。

清末民初，南通沿江从天生港至姚港 10 多公里的岸线经常发生坍塌，每年有数千亩农田被毁，几百户人无家可归。1916 年 4 月，时任南通保坍会会长的张謇以私人身份聘请荷兰水利专家特莱克来通担任保坍会驻会工程师。

特莱克塑像伫立在濠河之滨

特莱克"有西人办事之勇、负责之专，而无西人自奉奢逸之习气"。来通之后，即起早贪黑踏勘江岸，不到一个月，就拿出了一份详尽的保坍计划书。后来，在他的主持下，南通沿江修筑了 10 条丁坝，收到了"分杀水势"的效果。从此，再没有发生大规模的岸线坍塌。

特莱克不仅为南通的水利事业日夜操劳，而且对于市政建设也充满热情。在通期间，他规划改造了城闸、港闸和城港公路，设计了南通第一条轻便铁路，还建造了公园二桥和游泳池等。作为一个外国人，特莱克为南通做到了鞠躬尽瘁，他所留下的业绩直到现在还在造福着南通人民。

由特莱克设计的如东遥望港九门闸于 1918 年 11 月开工，次年 8 月，特莱克冒着酷暑亲赴工地检查工作。那时，条件异常艰苦，特莱克每天食宿都在海边的小轮上，这使他不幸染上了霍乱。17 日深夜，他在送医救治的途中溘然长逝，年仅 29 岁。特莱克去世后，南通人将他葬在了风景秀丽的剑山脚下。前些年，在南濠河有斐饭店前的亲水平台上，南通人又建起了特莱克的青铜雕像。

金沧江（1850~1927 年），原名金泽荣，朝鲜著名爱国诗人，李氏王朝后期四大文豪之一，被誉为朝鲜的屈原。他与张謇诗文交往达四十四年。1905 年，金沧江举家流亡中国。走投无路之际，张謇伸出援手，安排他在南通翰墨林书局做编校，由此旅居崇川二十二载。张謇与金沧江两位异国老友，常相携徜徉山水，诗文唱和甚多。

沈寿（1874~1921年），江苏苏州人，沈绣（仿真绣）的创始人。1914年8月，张謇延请沈寿担任女工传习所所长兼总教习。南通女工传习所，是张謇创办的一所培养女子刺绣人才的专门学校。沈寿患病期间，张謇亲自在病榻前与沈寿进行交流，整理、记录了刺绣技法技艺，历时近一年时间完成了《雪宧绣谱》一书，使沈绣的工艺理论传承至今。

欧阳予倩（1889~1962年），现代著名戏剧家，出生于湖南浏阳一个书香门第的仕宦之家，早年留学日本。新中国成立后，曾任上海戏剧学院院长。张謇与欧阳予倩的交往始于1919年，当年，张謇邀请欧阳予倩到南通，任伶工学社主任，开办了中国第一所现代意义上的戏剧专门学校。

梅兰芳（1894~1961年），现代著名京剧大师，是张謇引为知己的忘年交。梅兰芳除了应张謇之邀，三次赴南通更俗剧场演出，并前往伶工学社参观。他与张謇书信不断，互动频繁。在张謇"朋友圈"里是一个重要的存在。

关于张謇与金沧江、沈寿、欧阳予倩、梅兰芳等人的交往过程，本书在其他章节有较为详尽的叙述。

一个人的格局，从他的朋友圈就可以看出来。张謇所交往的这些人物跨度约半个世纪，有的人理念各不相同。但他们对张謇却都能认同，且与他在不同时段共同谋划了许多大事。张謇的这种能量与维度，在当时的社会活动家中是绝对少见的。

金沧江："朝鲜屈原"栖居南通二十二载

　　他是近代朝鲜史学家、爱国诗人，20 世纪之初流亡中国之际，受老友张謇之邀来到南通，定居濠河畔二十二载。

　　他就是在民间有"朝鲜屈原"之称的金沧江，与张謇相识于战火纷飞的朝鲜半岛，晚年相聚于福地崇川。这两位都有着深厚爱国情怀的名人，为后人留下瑰丽的诗篇和友谊的佳话。

　　金沧江名泽荣，字于霖，沧江是他的号。1850 年 10 月 15 日，金沧江生于朝鲜京畿开城府东部子男山南之舍，其祖先是少昊金天氏，祖居庆尚道花开县，所以，他常在著作中自称"韩国花开金泽荣"。金

金沧江故居

张绪武题字的借树亭

沧江精通汉学，1882年即在全国性的成均试中获得汉诗第一名，两年后又获得汉文经义全国第一。

张謇与金沧江相识于1883年的汉城。此前一年的光绪八年（1882年），朝鲜发生壬午兵变，张謇随淮军名帅吴长庆入朝平乱。

张謇作为庆军的头号幕僚，拜访朝鲜的贤士大夫，结识了名儒金沧江。张謇在后来所写的《朝鲜金沧江刊申紫霞诗集序》中，对此有详细的记述。金沧江虽不能讲汉语，但中文功底深厚，两人就通过笔谈来交流。多年以后，他们在南通的交往也是采取这种方式。读了金沧江的诗文，张謇认为他的文章拙朴率真，诗词更有晚唐气韵。

金沧江后来回忆对张謇的第一印象，"始见翁于吾邦。翁少余三岁，而度量之恢，学识之敏，皆非余所敢望者"。他赋诗赠别张謇："大地摇荡无昼夜，高帆映日张生来。吴公幕下三千士，借箸运筹须汝才。"他还写下《墨风吹海》歌赠予张謇。因为天各一方，两人一别就是二十年。

1905年9月，列强正式承认朝鲜由日本单独占领和"保护"，举世震惊。金沧江为亡国之耻而悲愤至极，毅然辞去正三品通政大夫、弘

金沧江故居复原

文馆纂辑所纂辑委员之职，在当年10月4日离开汉城。10月7日，携带妻子儿女从仁川登舟，在海上漂泊了五个昼夜，终于到达上海。后又去苏州投奔诗友，被婉言拒绝。

金沧江走投无路，只好又回到上海。困顿之际，他想起了张謇，于10月下旬在通海实业公司沪账房中见到了张謇。因为是匆匆逃亡，金沧江行李萧然，别无长物，唯有老辈诗人申紫霞的诗稿本。

张謇热情地接待了他，当即伸出援手，诚邀金沧江任南通翰墨林印书局编校，安排这位老友在濠河之滨安了家。

从此，金沧江成为张謇的挚友，两人诗文唱和不绝。金沧江与张謇、张詧兄弟结下了深厚的友谊。他曾在诗作中写道："通州从此属吾乡，可似崧阳似汉阳。为有张家好兄弟，千秋元伯一肝肠！"张氏兄弟曾在城南别业以南通特产的刀鱼、银鱼、河蚌等宴请金沧江，双方为这次"三鲜宴"留下了精彩的笔墨。

金沧江没有辜负张謇的期望，他在翰墨林任编校之余，潜心撰述，取得了丰硕的成果，出版了30余部著作，内容主要是朝鲜历史文化。

金沧江行书

金沧江一生中重要的创作成果大都是在南通完成的。他为翰墨林书局的发展做出贡献的同时，也为保存和发扬朝鲜民族文化的精粹倾注了心血。金沧江案头劳顿之余，属意于张謇、张詧等南通名士的交游圈。但他的交往不限于此，他和我国学者俞樾、梁启超、严复、郑孝胥等都有交往。他们虽然语言不通，却互相倾慕，笔谈交流，诗文酬唱，乐以忘忧，在那个年代里写下了闪亮的一页。

他身在南通，仍着朝鲜冠服。1909年，朝鲜爱国青年安重根在中国哈尔滨站刺死日本首相伊藤博文，他立即写成《安重根传》，褒扬风烈。后朝鲜爱国志士组织朝鲜临时政府于上海，金沧江为之拟陈情表，比喻中朝关系"为瓜为葛，为唇为齿"。

巧合的是，思想家、文学家梁启超的号，也叫沧江。将这两个"沧江"牵到一起的历史事件，正是安重根刺杀伊藤博文之事。梁启超为颂扬安重根的义举，写下脍炙人口的长篇长诗《秋风断藤曲》，此诗发表时用的笔名就是"沧江"。

金沧江读到这首名诗时，掩不住其激赏之情，写下《题梁沧江启超所咏安重根诗后》，表达其景仰之忱。

1916年，金沧江编成《丽韩十家文钞》之后，特地请张謇介绍，问序于梁启超。梁启超欣然命笔作序，将此书置于救亡兴国的高度来看待。1922年，梁启超到南通参加中国科学社的年会，两位以"沧江"为号的文化名人终得相晤。这次会见，金沧江赠送了自己在南通编著的书，同时还作有《赠梁任公》一诗，将梁启超与唐朝文坛泰斗韩愈相比，并注"君之文章要为今日中州之冠"。

辛亥革命后，寓居通城的金沧江给自己新取了字号"南通新民韩产金泽荣"，表示自己是"新南通人"，但仍寄托着对自己祖国走上独立自新道路的期盼。金沧江婉言谢绝了张謇兄弟为他建屋的好意，在南通城里搬迁了几次。1915 年，金沧江定居于位于西南营的一处宅子，与张謇晚年居住的濠阳小筑仅一街之隔。金沧江为其居所取名为"借树亭"，表示虽客居南通，仍不忘故国之情怀。

1926 年 8 月 24 日，张謇先生逝世。顿失知音的金沧江哀痛不已，他带病前往吊唁，并深情作挽联。此时，归国无望的孤寂与日俱增。绝望夹杂着时局战火的煎熬，1927 年 3 月 20 日，78 岁的金沧江选择了诀别人世。他的遗骨被安葬于狼山之上，长伴青山，面对大江。

Tips

金沧江纪念馆

2021 年 1 月 6 日，金沧江纪念馆举行了开馆仪式。纪念馆位于西南营 29 号，为一进三面围合型民居，八栋文物建筑古色古香，其中 1 号、2 号、3 号房为金沧江故居，其余部分为纪念展陈之用。修复后的金沧江故居，由张謇嫡孙张绪武题写"借树亭"匾额，墙上刻有金沧江撰写的《借树亭记》。金沧江故居修缮工程于 2020 年 6 月启动，为金沧江先生诞辰 170 周年献上一份大礼。开馆仪式上，金沧江的曾孙金桂生深情回顾了两国先贤的业绩和友谊。

白雅雨：他策动了"北方辛亥革命"

白雅雨烈士塑像

南大街旁，车流不息，一座小院，青砖白墙，往里走，可见几间残破已久的瓦房，墙皮已经脱落。大厅内，张贴的历史旧照，粗略概括了当年主人的一生。这个跨越百余年的建筑，便是辛亥烈士白雅雨的故居，1998年纳入市级文物保护单位，位于崇川区白陆巷2号。

白雅雨是中国近代著名地理学家、民主革命家，他为国捐躯的壮举，书写了南通人在辛亥革命历史上浓墨重彩的篇章。

白毓昆，字雅雨，号铣玉。1868年4月17日生于南通，居城南白陆巷。他自小天资聪慧，18岁时考中秀才，为州首。先后入江阴南菁书院和上海南洋公学（上海交通大学前身）就读。

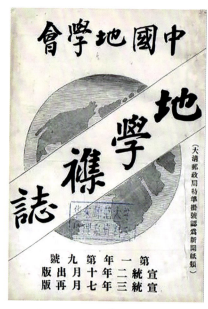

白雅雨所编《地学杂志》

1890年，白雅雨被聘于南洋公学附中、澄衷学堂执教史地。1908年，任聘于北洋法政学堂。同年，与张蔚西一同创建我国第一个地理学会——中国地学会，任编辑部长。1910年，创办我国第一个地理学期刊——《地学杂志》。有此经历，白雅雨成为我国最早的爱国地理学家之一。

20世纪之初的风云变幻，推动着白雅雨加入到民主革命者的行列。他少年时胸怀救国之志，及长更认清了清政府的腐败本质，革命意志更加坚强。1904年，白雅雨随蔡元培加入光复会，后一起入同盟会。1908年秋，他应北洋女师范学堂（河北师范大学前身）、北洋法政学堂（后并入南开大学）的聘请，来到天津任教。

白雅雨组织了天津共和会，在教书生涯中，培养了不少革命青年，李大钊就是白雅雨在北洋法政学堂的学生。白雅雨渊博的史地知识，鲜明的爱国思想，献身革命的豪情壮志，深深地影响着年轻的李大钊。师生二人志气相投，经常在一起促膝谈心，交流思想，研究时事，探讨救国救民的真理。白雅雨的谆谆教导，在李大钊心坎里播下了革命的火种，对李大钊后来成为的中国共产主义运动先驱起到重要推动作用。

2021年6月，在上海交大举行的革命先辈后人见面座谈会上，李大钊的曾孙女李晓莉表示："李大钊从1907年到1913年进入天津北洋法政专门学堂求学，在这里他遇到了恩师白雅雨，接受了新思想。可以说，他是在白老师的引导下从天津走上了法政救国道路。"如今，李大钊的后人每逢清明也会来到南通祭扫白雅雨墓。

今天，当我们提到"白雅雨"这个名字时，得到响应最多的一个是"李大钊之师"，另一个则是"辛亥革命滦州起义主要领导人"。武昌起义

位于狼山上的白雅雨烈士墓

爆发后，1911年12月，白雅雨只身来到滦州，组织领导了被誉为"北方辛亥革命"的滦州起义。

在白雅雨等人的积极推动下，1912年1月3日，滦州新军宣布起义，成立了北方革命军政府，白雅雨被推举为参谋部长兼外交部长。誓师当晚，起义军决定一鼓作气，直下天津。后由于第三营管带张建功叛变，起义失败。滦州起义诸将领大多牺牲，冯玉祥将军是为数不多的幸存者。白雅雨被捕，于1912年1月7日壮烈牺牲，写就了一个民族革命先驱的壮丽人生。

1912年7月，白雅雨烈士灵柩被运回家乡南通。9月，民国政府追授他为陆军上将衔。1912年9月，南通各界举行隆重的公葬仪式，将白雅雨灵柩安葬于狼山大观台东侧山坡。10月10日，上海高等工业专门学校（上海交通大学前身）为白雅雨举行了追悼大会。

如今知道辛亥滦州起义的人已经不多了，但其历史地位不可磨灭。1936年，民国政府表彰令中说："辛亥光复，发轫于武昌，而滦州一役，实促其成。"中华人民共和国成立后，南通市人民政府追认白雅雨为革命烈士。

回眸当年华夏大地上的那一场敲响中国两千年封建帝制丧钟的辛亥革命风暴，追思白雅雨光耀千秋的丰功伟绩和慷慨就义的高风亮节，后人对白雅雨烈士充满崇敬之情。

在狼山山腰处，白雅雨烈士墓前，一首绝命诗赫然在目："慷慨赴死易，从容就义难。革命当流血，成功总在天。身同草木朽，魂随日月旋。耿耿此心志，仰望白云间。悠悠我心忧，苍天不见怜。希望后起者，同志气相连。此身虽死了，主义永流传。"

白雅雨先生这首掷地有声的绝命诗中，发出了"身同草木朽，魂随日月旋"的惊天之语；无独有偶，张謇先生也有一段关于人生与草木的名言："天之生人也，与草木无异。若遗留一二有用事业，与草木同生，即不与草木同腐朽。"

在那个年代，如果说张謇为南通带来了自强奋发的活力，白雅雨则给这座城市注入了勇毅前行的动力。他们的灵魂都是不朽的。

南大街旁的白雅雨故居

68

陆洪小镇内的红色记忆

刘瑞龙："粮草大将军"的红色足迹

　　1910 年 10 月 3 日，正是桂子飘香时节，在南通陆洪闸一个坐南向北的院子里，诞生了一个男孩，家人给男孩取名刘瑞龙。刘瑞龙长大后没有令望子成龙的长辈们失望，成长为南通唯一参加过长征，并成为党的高级干部的无产阶级革命家。

　　刘瑞龙不平凡的一生，前二十年都是在南通度过的，并在这里走上了革命道路。

　　1926 年，刘瑞龙就读于张謇先生创办的南通师范学校，接触到共产主义思想。1926 年，刘瑞龙加入中国共产主义青年团。1927 年 9 月，加入中国共产党，任支部副书记，是南通地区早期党组织的创始人之一。1929 年春，任中共南通中心县委书记。同年秋，出席中共江苏省党的二大，被选为省委委员。1930 年春，任中共通海特委书记。

69

刘瑞龙同志

1930年3月，中国工农红军第十四军在如皋成立，它是土地革命时期江苏境内唯一列入中央序列的正规红军武装。年轻的刘瑞龙与李超时、何坤、张爱萍、黄火青等人创建并领导中国工农红军第十四军，在通如海泰地区——这个国民党统治中心之侧横戈跃马，驰骋苏中八县，历经大小战斗近百次，不屈不挠地和敌人斗争了七个多月，并在游击区进行了分田地、建政权的革命活动。红十四军艰苦卓绝的武装斗争，在苏中腹地播下了红色的种子。在一定程度上延滞了国民党对中央苏区根据地的大规模围剿行动，对中国革命战争发展做出贡献，并为后来新四军东进和苏中七战七捷打下坚实基础。对于这段可歌可泣的历史，刘瑞龙著有《回忆红十四军》，生动地记录了当年的峥嵘岁月。

沿着刘瑞龙早年在南通走过的革命履痕，人们可以想象到那些动人心弦闪光的历史画面：

在南通师范学校，刘瑞龙接触到共产主义的理论，在鲜红党旗下坚定地举起拳头；在龙王桥表哥葛松亭家，他如饥似渴读到恽代英、萧楚女等中共早期革命家寄送的进步书刊；在博物苑假山旁，他参加南通县委秘密会议时，因叛徒出卖而被捕；在海门仇家园，他主持5000多人参加的群众大会，成立东乡第一个工农兵苏维埃政权；在如皋贲家巷，时任南通县委书记、通海特委书记的他参与创建了红十四军，践行了毛泽东同志提出的"枪杆子里面出政权"的光辉思想……

在江海大地，刘瑞龙和战友们当年播撒的革命火种，穿越历史时空，闪耀着璀璨光芒。

翻阅南通革命史，有一串闪光的名字与刘瑞龙连在一起：恽代英、

位于陆洪小镇的刘瑞龙故居

刘瑞龙故居小院

恽子强、葛季膺、葛松亭、顾怡生、顾民元、李俊民……他们彼此因亲友关系而熟悉，又在时代大潮中互相辐射着反帝反封建的正能量，一起投身到革命的洪流中。

对当年的青年革命者刘瑞龙影响最大的，当数近代革命先驱者之一的恽代英；而恽代英的胞弟恽子强，是刘瑞龙的表姐夫。1926 年，祖籍武进的恽代英直接指导南通县成立中共独立支部。

彼时，他弟弟恽子强和弟媳葛季膺刚刚结婚，暂住在葛季膺哥哥葛松亭的龙王桥家里，恽代英经常往那里寄送革命书刊，刘瑞龙从这里接受了马克思主义的启蒙教育。

对刘瑞龙产生同样重要影响的，还有他的姨夫顾怡生。刘瑞龙入校时，在南通师范执教的顾怡生同情和支持进步学生，为刘瑞龙推荐阅读《新青年》《独秀文存》等进步书刊。后来，刘瑞龙又影响了他的表弟、顾怡生的独子顾民元，以及表弟在南通中学的同学江上青，引导他们先后走上

革命道路。

刘瑞龙的表兄李俊民，同样也是他的革命引路人。1925年，李俊民在武汉读大学时，受中共一大代表董必武和陈潭秋影响加入中国共产党。1926年，在武汉组织革命活动时被捕，经董必武等营救回到家乡。在李俊民影响下，表兄弟们多位成为革命者。

红十四军斗争失败后，刘瑞龙奉命前往上海，在中共江苏省委领导下从事革命工作。1933年2月，刘瑞龙西上川陕，历任红军第二十九军政治部主任、红四方面军政治部宣传部长，参加了举世闻名的长征。经历了西征，延安党校深造。抗日战争全面爆发时，刘瑞龙成为一名

红十四军纪念馆内的群英雕像

实践与理论全面优秀的人才。他为革命事业培养人才，还在豫皖地区竭力发动群众，凝聚人民群众的抗日力量与鼓舞人民群众的作战积极性，极大地充实了淮海抗日根据地的革命力量。

纵观刘瑞龙波澜壮阔的一生，有许多传奇的革命故事。

1948年11月16日，一场气吞山河的大决战——淮海战役打响。作为第三野战军后勤司令员兼政委，刘瑞龙在后勤组织工作中指挥若定，演绎出一部精彩的大剧——《车轮滚滚》。陈毅元帅有句名言："淮海战役的胜利，是人民群众用小车推出来的！"而刘瑞龙，就是组织这些群众支前的领头人。

这场战役中，粟裕等战将在前线指挥60万人的正规部队，刘瑞龙指挥的支前大军人数则要远远超过这个数字，刘瑞龙因此被很多史学家称为淮海战役中的"粮草大将军"。

当时，中原野战军七支纵队再加上华东野战军的十六支队伍，以及参战的大量民兵，人数超过百万。光一天时间，这百万兵力就要吃掉两三百万斤粮食。在20世纪40年代，这是非常难解决的问题。要是一旦粮食供给不上，饿着肚子打胜仗显然无从谈起。

在刘瑞龙的统筹指挥下，淮海战役前一个月，我军就已经组织了一百多万民工。这支规模巨大的支前大军，多数来自于华北和华东，经历过多场重大战役。刘瑞龙将这支百万人的大军称为"老民工队伍"，属于淮海战役后勤保障的核心力量。

在刘瑞龙的小本本上，每天都密密麻麻记满了有关粮食、弹药、民工、运输、伤员、野战医院等方面的各种数字。每天听过战情报告后，他在昏黄的小油灯下整理计算，通盘运筹整个野战军的后勤供应部署。面对空前规模的大决战，他要随着战局的变化和走势及时调整规划，迅速组织调动支前大军。

据统计，在淮海战役期间，刘瑞龙领导的后勤部队曾组织540多万民工支援前线，向前线运输了9.6亿多斤粮食。淮海战役取得伟大胜利，离不开这条源源不断的强大运输线！

不仅是淮海战役，在苏中战役、鲁南战役、莱芜战役、孟良崮战役、渡江战役和上海战役中，刘瑞龙都充分发挥了宣传群众、组织群众的才能，与有关党政军机关密切配合，形成了一个庞大的运输供应网，充分保证了各个战役的每个阶段的后勤供应。

战争背后的后勤组织工作是一门极其重要的"技术活"。刘瑞龙深知，要供应百万大军的作战需要，必须着力解决一系列重大问题。如，建立独立自主的金融阵地，恢复和发展解放区经济，建立财经工作正常的工作秩序等，为此他殚精竭虑，付出了大量的心血。

《刘瑞龙文集》记录了波澜壮阔的革命历史

中华人民共和国成立后，刘瑞龙历任中共上海市委秘书长，华东局农业委员会书记，国家农业部常务副部长兼党组副书记等职，在新的岗位上为党和人民再立新功。"文革"中，刘瑞龙受到残酷迫害。"文革"结束后，刘瑞龙调回农业部工作。

1988年5月25日，忠诚的共产主义战士、无产阶级革命家、原农业部副部长、第五届全国政协常委、第六届全国人大常委刘瑞龙同志，在广州主持中国农史学会学术讨论会期间，因操劳过度，心脏病猝发在广州逝世，终年78岁。

顾臣贤：工运先锋的壮丽人生

　　1933年6月9日清晨，位于南通城北的东北水关桥边上演了惊心动魄的一幕。

　　那天，中共南通中心县委书记顾臣贤正在北濠河边党的秘密机关内整理文件。忽然一阵急促的脚步声打破了小巷深处的宁静。他知道敌人来了，于是，将手头的文件和枪支捆在腰间夺门而出，随即从东北水关桥纵身跳入濠河。然而，他已被包围了。在水中与敌人奋力搏斗后，终因寡不敌众而遭逮捕。所幸的是，此时文件和手枪已被他沉入水底。

顾臣贤烈士纪念园

顾臣贤出生在唐家闸褚家棣，12岁时入白龙庙小学，后到唐闸敬孺高等小学读书。1925年，"五卅"运动的风潮波及南通。受到抵制日货宣传的影响，顾臣贤觉得，国家要富强就必须去做工，好为国家造些东西出来。于是，1926年，17岁的顾臣贤到资生铁厂当钳工。

　　学徒生活使顾臣贤更多地了解到了工人的疾苦和诉求。当时，报纸上的消息让他知道，工人运动是由共产党领导的，便渴望能早日找到党组织。

　　1928年8月下旬，在唐闸大洋桥下的一家茶楼，顾臣贤由刘瑞龙等人介绍入党。在入党宣誓仪式上，他激动而又坚定地表示："入党就是为了革命，为了打倒反动派，

顾眷革命献青春

臣功千秋工运魂

贤士自古多英烈

赞歌浩然传后人

打倒帝国主义……只要世界能公平合理，大家能过上好日子，就是死了，我也情愿！"

入党以后，顾臣贤把厂里的进步工人团结在自己周围。他还组织了一个足球队，利用踢球的机会，接触工人兄弟，向他们宣传革命道理。到1929年11月，全厂已有7名党员，单独成立了党支部，顾臣贤任支部书记。顾臣贤不仅自己参加革命，他家也成了秘密活动地点。

1930年3月，党组织决定顾臣贤担任中共通海特委委员。不久，红十四军的对敌斗争进入高潮，顾臣贤跟南通县委的同志研究了工人"五一"暴动的计划。后因敌人戒备森严，暴动未成。1930年5月下旬，已经担任中共通海特委委员的顾臣贤在唐闸西洋桥被捕。他在狱中受尽酷刑，但始终不承认自己有什么罪，敌人只得以"共产党嫌疑"为名，判他有期徒刑11个月。在苏州的监狱中，他很快与狱中党组织取得联系，继续斗争。为此，被关了两年半才获释。出狱后，顾臣贤担任了重新组建的中共南通中心县委书记，主持恢复城乡革命工作。

1933年，因大生一厂无故解雇1000多名工人，江城掀起了"五月怒潮"。在顾臣贤的组织指挥下，大生一厂、复新面粉厂、资生铁厂等五个厂的工人组成罢工总同盟。从4月30日起，工人们纷纷走上街头，高呼口号、散发传单、张贴标语。整个罢工持续了一个多月，革命怒潮席卷整个南通城。

不幸的是，由于叛徒的出卖，顾臣贤遭到逮捕。7月2日，顾臣贤被押解到镇江，他受尽了酷刑，但他没有透露半点秘密。当他遍体鳞伤、血迹斑斑回到牢房时，还鼓励同志们："我们硬，敌人就软；我们软，敌人就硬。"利用"放风"的机会，顾臣贤还和中心县委的同志秘密碰头，部署对策。

1933年9月14日，沉重的牢门被打开了。顾臣贤与卢世芳、周振国等高呼口号，唱着《国际歌》，走向刑场。大铁门关上了，顾臣贤响亮的口号声，"英特纳雄奈尔一定要实现"的《国际歌》声，久久地在难友们的耳边回荡。牺牲时，顾臣贤年仅24岁。

在那个腥风血雨的年代，顾臣贤以解救大众于水火中的崇高情怀，

刻画顾臣贤烈士事迹的浮雕

不惜抛头颅、洒热血，最后倒在了他所热爱的这片土地上，在南通革命斗争史上书写下了壮丽的篇章。在新民主主义革命时期，像顾臣贤这样为信仰而牺牲生命的江海儿女有两万多人，他们的历史功勋将永远被后人铭记。

Tips　顾臣贤烈士纪念园

　　位于南通市崇川区白龙湖景区东侧，占地6000多平方米，是一个集爱国主义教育和旅游观光的红色旅游景点，是南通地区第一个以工运先锋人物为主线打造的开放性党性教育阵地。

　　纪念园由烈士铜像、烈士生平、烈士纪念墙、廉政园四个部分组成，重点展示时任南通市中心县委书记顾臣贤，以及天生港地区的52位烈士从出生到走上革命道路，坚守共产主义信念，带领工人阶级开展革命运动，为新中国的成立而英勇奋斗、壮烈牺牲的光辉事迹。

赵无极：艺术之旅从濠河边起步

旅居海外的赵无极

"中国油画的天花板""全球最贵艺术家Top10"……在一般人看来，著名华裔旅法画家赵无极是一个难以逾越的高峰，他与建筑家贝聿铭、作曲家周文中，并称为"海外华人艺术三宝"。圈内人评论，他是在西方影响最大的华人艺术家。

这位中西艺术史都绕不开去的赵无极，有的资料说他是江苏南通人。对这一点，南通并无意掠美。说南通是其第二故乡，这倒是当之无愧。

1921年2月13日，赵无极出生于北京的一个书香世家。据说，赵家每年祭奠先祖冥诞之日，都会摆出传家宝——赵孟頫和米芾的两幅画。祖父是前清秀才，为长孙取名无极，有浩瀚无边、超越极限的希冀。

出生不久的赵无极就与南通结缘。当他才6个月大时，作为银行家的父亲从北京被派往上海主持一家银行的工作。父母认为，与上海一江之隔的南通是当时的"模范县"，清末状元张謇先生在此办教育、兴实业风生水起，于是决定让赵无极随母亲一起搬到南通生活。

"这座城市离上海很近，是母亲选定的，因为这里的中、小学质量好，教学严格。"赵无极在《我的自画像》中写道。据赵无极的妹妹赵无宣回忆，20世纪20年代的南通，是一个迅速崛起的近现代化城市，张謇以实业为依托，重视"启民智"，教育规模完整，层次较高，南通教育可"模范一国"。

从这里可以看

赵无极早期作品

到，南通的基础教育从20世纪20年代起就蜚声国内，至今可谓"百年树人"。赵无极在南通上完了小学和初中，崇文重教的崇川福地，"中国近代第一城"的中西交融，给了他最初的文艺熏陶。

在《赵无极自传》中，他从第一页开始深情地回忆了在南通的生活："在我的记忆中，这段日子无忧无虑，无比快乐！"

当时，赵无极一家就住在美丽的濠河边，赵无极的父亲还结识了张謇先生。房子依河而建，夏天热的时候，赵无极会跟弟弟妹妹在濠河边玩耍嬉戏。

赵无极是七个孩子中的长子。每天祖父教他们兄弟姊妹读两小时书，背唐诗宋词和《论语》。一有闲暇，祖父就带孩子们游览南通的名胜古迹，万里长江惊涛拍岸的壮美、狼山题名坡五代石刻的古朴，无不陶冶着赵无极的幼小心灵。

就读于南通师范附小时，父亲曾经带着年幼的赵无极找到美术老

《1969.6》（赵无极 绘）

师刘子美，想听听老师对于儿子学美术的意见。当时刘子美赞赏地说："孩子很有天赋，应该走这条路。"

导师的鼓励和学校专业的艺术教育，引领赵无极踏上了追寻艺术的漫漫长路。20世纪80年代初，赵无极曾回到南通，寻找当年的老师刘子美未遇。此后到清华大学美术学院参观，特别嘱托南通籍著名画家袁运甫将一盒法国的丙烯颜料转赠给他早年恩师刘子美。赵无极说，"没有他，就没有我，我就不会学美术。"

1934年，赵无极从南通中学考入杭州艺术专科学校，师从林风眠。1941年，赵无极留校任教，在重庆举办了首次个人画展。1947年，在上海举办个人画展。1948年，赵无极负笈法国，继续追求他的艺术之梦。

到法国后，赵无极惊喜地发现，他在法国南部的画室居然与毕加索的工作室毗邻。已届八旬的毕加索一心沉醉于绘画，连自己的孩子都不见，但他对赵无极非常亲切。每次在画廊见面，他都热情地招呼赵无极。如果见不到赵无极，他会问，"矮个子中国人去哪儿啦？"

20世纪50年代，赵无极开始在巴黎画坛崭露头角，此后一直保持着在国际艺术界享有盛名。在旅法的创作生涯中，他的创作风格先后经历了受保罗·克利影响的自然风景系列、甲骨文系列、抽象山水系列，至20世纪70年代凸显磅礴之气，再至90年代臻至写意空灵的转变。1958年的作品《云》之后，赵无极的作品不再有标题，他仅在画布背面注明创作日期。他后期的作品，逐渐摆脱一切法则，恣意地挥洒他的自由，以各种创新组合的方式去表达内在的需求与感受。

赵无极坚持以西方现代绘画的形式和油画的色彩技巧，融入中国传统文化艺术的意蕴，创造了色彩变幻、笔触有力、富有韵律感和光感的新的绘画空间，被称为"西方现代抒情抽象派的代表"。做了毕加索很长时间邻居的赵无极，也被称为"东方的毕加索"。

在70多年的艺术生涯中，他创作了约1800件作品，曾在世界各地举办160余次个人画展，作品被全球超过20个国家160家美术馆收藏；是中国油画世界拍卖纪录保持者。

赵无极是第一位在巴黎庞毕度中心举办展览的华人艺术家，也是

晚年赵无极

第一个打入西方核心艺术圈的华裔现代艺术家。他还享有国际艺术界给予他的许多荣誉，包括获法国骑士勋章，法兰西学院艺术院终身院士等。

1998年11月4日，"赵无极绘画六十年回顾展"在上海开幕，江泽民同志为画展题词"氤氲化醇，融合创新"。法国总统希拉克先生为画展撰写了前言，称赵无极独立不群，才气横溢，学贯中西，融两种文化于一炉。

在赵无极心中，南通一直是他魂牵梦萦的第二故乡。2012年，赵无极表达了想回南通办画展的意愿，南通有关方面立刻响应，着手准备。但是天不遂人愿，2013年4月9日，赵无极于瑞士尼永医院病逝，享年92岁。

让赵无极作品回到南通展出的愿望，终于在2016年初实现。2016年1月28日，"浩渺行无极，春风归故里——赵无极2016中国（南通）版画展"，在具有百年历史的中国首座公共博物馆——南通博物苑举办。"浩渺行无极"，出自唐人的一首送别诗，也与故乡对赵无极的期盼之情相通相近。

这是赵无极的作品第一次回到儿时成长的故乡，这也是他去世后首次在国内举办的展览，更是世界范围内首次大规模的赵无极版画专题展。展览共展出赵无极的73幅版画及7本书籍，全面反映赵无极从1949至2000年间各个时期的创作成果和各种绘画技巧。

当赵无极夫人弗朗索瓦兹·马尔凯看到赵无极的作品一件件安全抵达，并在工作人员认真的布展中呈现出迷人的风采，既兴奋又充满感激。赵夫人说："让这些作品回家，这是赵无极的心愿，也是我的心愿。如今，梦想终于成真了。"

2021 年，为纪念赵无极先生一百周年诞辰，上海外滩 111 艺术空间举办了"一世纪思无极——献给赵无极诞辰一百周年"作品展。有人说，赵无极

赵无极 2016 中国（南通）版画展海报

的抽象画你看得懂吗？不妨引用朱光潜的话来解读，"慢慢走,欣赏啊"。

Tips　赵无极最贵的一幅画

2018 年 9 月 30 日，赵无极平生创作尺幅最大的油画三联作《1985 年 6 月至 10 月》（长达 10 米，高达 2.8 米）在香港苏富比 2018 年秋拍"现代及当代艺术晚间拍卖"专场上，以 4.5 亿港元落槌，计入佣金后，成交价为 5.1 亿港元。这刷新了赵无极世界拍卖纪录，也是香港艺术拍卖史上最高成交的画作。

赵丹：从小小剧社到人民艺术家

人民艺术家赵丹

南通人没有不知道赵丹的，对中国电影史较为熟悉的人，也一定熟知他的名字和作品。1949年之前，赵丹在上海电影圈留下的《十字街头》《马路天使》《乌鸦与麻雀》等，已成为中国电影的经典之作。新中国成立后，赵丹主演了《海魂》《林则徐》《烈火中永生》等作品，奠定了他成为"人民艺术家"的地位。历史永远铭记着这个从南通走向世界的电影巨星。1995年，赵丹获得中国电影世纪奖最佳男演员奖。2005年，赵丹获得中国电影百年百位优秀演员奖。

1915年6月27日，一户祖籍山东肥城的赵姓行伍之家喜添一个男婴。或是对古人"凤翱翔于千仞兮，非梧不栖"说法的推崇，父亲赵子超给孩子取名为凤翱。也许是对军旅生涯心生倦意，就在第二年，在北洋军中任着营长的赵子超决定解甲归田，定居于南通城内的西南营。

到了南通之后，赵子超在城南开办了一座新新大戏院。赵凤翱从小便酷爱表演艺术，赵子超办这家戏院，是否为了给儿子一个施展的舞台，这已不得而知。但老赵对儿子演艺事业的支持，那是显而易见的。

中学时代，与小伙伴顾而已、钱千里、朱今明等组织了小小剧社。小小剧社的成立，得到了崇敬中学校长顾儆基先生，也就是顾而已父亲的大力支持。另一个"后台老板"就是赵子超了。他们为剧社添置了二胡、满堂锣鼓等排练道具，让剧社成员免费到戏院去欣赏各种演出。孩子们不断模仿戏中的角色，也先后排演了文明戏《艺术家》，以北伐战争为背景的多幕剧《热血忠魂》。

赵丹参演的一些列电影作品

赵丹与黄宗英主演的电影海报

由于儿子参加进步戏剧活动上了反动政府的"黑名单"，赵子超决定让他离开南通去上海求学。1931年，16岁的赵凤翱考入了由刘海粟创办的美术专科学校，师从黄宾虹、潘天寿专攻山水画。其间参加了美专剧团、新地剧社和拓声剧社，并积极参与左翼剧联的活动。在上海美专，在同乡史白的鼓励下，赵凤翱取艺名赵丹，从此这个名字响彻了中国演艺圈。

1932年，赵丹被明星影片公司导演李萍倩看中，在默片《琵琶春怨》中扮演一纨绔子弟，从此成为明星公司的演员。1932年，赵丹加入了中国左翼戏剧家联盟。这一时期，他参演了《上海二十四小时》《时代的女儿》《三姐妹》《到西北去》《乡愁》《落花时节》和《热血忠魂》等20多部影片。与此同时，他还活跃在舞台上，曾在名剧《娜拉》中饰演海尔茂、《大雷雨》中饰演吉洪、《罗密欧与朱丽叶》中饰演罗密欧。由于他热爱表演艺术，又有刻苦钻研的精神，加之形象好，极有表演才华，很快成为引人注目的明星。

1936~1937年，赵丹主演了中国电影史上的经典影片《十字街头》和《马路天使》。在《十字街头》中，他扮演失业大学生老赵，刻画了这个天真、纯朴、热情，并带有几分傻气的青年知识分子形象。在《马路天使》里，赵丹在表演上有了新的突破，运用现实主义的创作手法，从生活出发，经过概括提炼，真实而又自然地塑造了心地善良、乐于助人、淳朴憨厚的吹鼓手小陈的形象，受到广泛赞许，从而奠定了他作为艺术大师的基础。

抗日战争爆发后，赵丹加入抗日救亡演剧队，辗转各地宣传抗日，

赵丹创作书画时，黄宗英在旁磨墨

并于 1939 年参加影片《中华儿女》的拍摄。这年 6 月，他前往新疆开拓进步戏剧工作，后被反动军阀盛世才监禁达五年之久，直到抗战胜利才回到上海。之后，他参加了《丽人行》《乌鸦与麻雀》等多部影片的拍摄。

新中国成立后，赵丹迎来了艺术的第二春，满腔热情地投入到电影事业中。他历任全国人大第一、二、三届代表，第五届全国政协委员，中国影协和中国剧协常务理事，中国影协上海分会副主席等职。1957年加入中国共产党。同年，获文化部 1949~1955 年优秀影片个人一等奖。

从 20 世纪 50 年代起，赵丹先后主演了《为了和平》（1956）、《李时珍》（1956）、《海魂》（1957）、《林则徐》（1958）、《聂耳》（1959）、《烈火中永生》（1965）等影片，创造了李时珍、聂耳、林则徐、许云峰等熠熠生辉的银幕形象，代表了中国 20 世纪五六十年代电影表演艺术的水平。1965 年，赵丹主演红色经典电影《烈火中永生》，当时刚到知天命之年的他，没有想到这是自己的最后一部影片。

位于赵丹母校校园内的丹亭

"文革"期间，赵丹受到残酷迫害，他再次身陷囹圄，被囚禁达五年之久。十一届三中全会以后，赵丹依然以极大的热情为高等学府的学生们讲授表演艺术，并不顾重病缠身，于 1979 年完成了《银幕形象创造》和《地狱之门》等著作。

1980 年，赵丹决定在中日合作拍摄的影片《一盘没有下完的棋》中担任主角。但在做影片准备工作时，病魔击倒了他。1980 年 10 月 10 日，赵丹因患癌症在北京病逝，终年 65 岁。在赵丹未完成的计划里，他还准备饰演周恩来、鲁迅。

在近半个世纪的艺术实践中，赵丹孜孜以求现实主义创作手法，不断探索具有中华民族特色的表演艺术体系，形成了洒脱自如、形神兼备、意境深远的独特艺术风格，他也因此被冠以"人民艺术家"的称号。

赵丹一直视南通为自己的故乡。20 世纪 50 年代初，赵丹因母亲逝世回过一次西南营。赵丹会说一口纯正的南通话，他晚年曾深情回忆道:"我是喝濠河水长大的,南通是我艺术的摇篮,一辈子都不会忘记。"

斯人已去,今天,伴随赵丹成长的故居依然伫立在西南营36号。循着东西向的巷子,往东不远,能看见一座黛瓦白墙的平房背对着巷道,墙上镶嵌着一块白色的方石,上面刻有"赵丹故居"的字样,这里便是赵丹故居。当年那片民国建筑现尚存两进院落。

令人欣慰的是,在赵丹去世十二年之后,他终于魂归故里,被安葬在母校崇敬中学(现南通市实验中学)校园的一角,那绿树翠竹环抱的墓园,名曰丹亭。

Tips 小小剧社的小伙伴们

钱千里、顾而已、朱今明,他们三位与赵丹同龄,也都在20世纪30年代初投身影坛,并终成大器。

钱千里,著名演员和导演。作为演员,他一辈子甘当"绿叶",始终为好友赵丹做好配角;作为导演,他始终乐于给电影大师郑君里当副手。1958年后,钱千里转向导演工作。在他80高龄时,还在南通籍导演江平的影片中友情出演。2009年,94岁的钱老获得中国电影表演艺术学会特别荣誉奖,在领奖的六天前,他因病去世。

顾而已,行走于电影和戏剧两界的著名艺术家。1948年,顾而已在香港出面筹组了大光明影业公司,主持拍摄了《小二黑结婚》等影片。1951年3月,他将大光明影业公司迁回上海。此后,顾而已任上影专职导演,执导了《天仙配》《燎原》等经典之作。1970年6月,深受迫害的顾而已在上海含冤去世。

朱今明,中国电影界的金牌摄影师。1939年,朱今明与赵丹一起在新疆被关押。抗战胜利后,朱今明加入上海昆仑影业公司,担任了郑君里作品《一江春水向东流》的摄影师。1949年春,人民解放军百万雄师下江南,朱今明受上海地下党派遣,冒着生命危险拍摄了国民党军队溃败的真实影像。中华人民共和国成立后,获得文化部优秀纪录片一等奖。朱今明于1989年去世。

尤无曲：人淡如菊，笔墨水融

晚年的尤无曲在创作

在今天"中国美术南通现象"的文脉中，尤无曲以其"笔墨水融"之说自成一家，成为山水画大师。他诗书画印兼善，并精通园艺，被称为中国绘画史上"南宗山水画最后的守护人"。

尤无曲（1910~2006年），名其侃，号陶风，晚年自署钝翁、钝老人。以字行。斋号有古素室、后素斋、光朗堂等。他出生在南通一个教育世家。1914~1928年，先后求学于南通第二幼稚园、南通师范第一附属小学、公立中学、张謇中学及南通师范初中部，是张謇先生创建的完整教育体系的受益者。尤家"格物致知，守文游艺"的文化精神，张謇塑就的"坚苦自立，忠实不欺"的师范精神，贯穿尤无曲的人生历程，

"人淡如菊"成为他终生恪守的人生操守和精神写照。

论其艺术追求，可以说是冥冥之中的注定。尤无曲5岁时，便对绘画产生兴趣。这年他参观南通博物苑，第一次看到孔雀，兴奋地回家拿毛笔画了一幅画，这幅童年画，是尤无曲留下的最早墨迹，其绘画天分亦可从中窥见。

1929年，尤无曲以优异的成绩考取上海美专，当时跟着他一起赴沪求学的，有赵丹、顾永淦。后转学到新创办的中

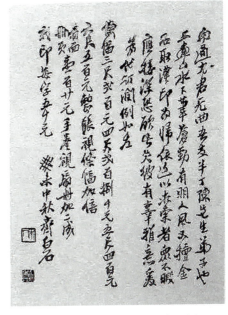

齐白石为尤无曲订立的润例

国文艺学院，师从黄宾虹等艺术大家。1930加入中国早期美术社团蜜蜂画社，成为振兴中国绘画"优才计划"的培养对象。毕业后，他回到南通，专心于绘画和研究。

1938年日寇侵华，尤无曲逃难到上海，结识严惠宇，得其引荐，拜陈半丁为师。期间，有缘结识蒋兆和、萧谦中、王雪涛等诸家，开拓了艺术视野。

1941年，尤无曲在京举办画展。齐白石观看之后大为赏识，当场以一百四十元大洋认购了《纤夫图》。齐白石后来为尤无曲亲定润例。按道理来说，有了画坛巨擘的权威润格背书，尤无曲的字画应该是"洛阳纸贵"。但尤无曲并没有悬挂出来广而告之，反而是只字不提，从不对外炫耀，用他自己的话来说就是"不足为外人所道也"。这是一种真正淡泊的境界。

1952年，尤无曲离开上海再次回到家乡，在南通医学院，绘制教学用图。尤无曲画人体解剖图，一画就是26年。艺术史上，西方画家达芬奇等人，用素描的方法画人体解剖图。尤无曲用纯粹的中国画技

尤无曲作品

法，画出和西方画家一样准确且生动的医用解剖图，创造了艺术为科学服务的佳话。

工作之余，尤无曲把所有时间用来进行盆景培植、书画创作和写生，不断提升艺术水准，锤炼画品。

1978年，南通书法国画研究院成立，尤无曲应邀入院，有了外出写生的机会。1979~1982年，他三上黄山，并在此悟到气韵从水而来，水是自然生态的核心，是黄山的精魂和底蕴，也是中国绘画的灵魂。初上黄山归来，他尝试泼墨画法，古稀变法自此开始。

尤无曲的"泼写法"以泼墨为主导，先泼后写，泼写结合，一任自然。其千变万化，具象中有抽象，抽象中有具象，达到"繁而透""空而厚"的境界。

1999年以来，在尤无曲后人的不懈努力及艺术界有识之士的关心下，尤无曲的艺术和事迹被挖掘和展示出来，引发了文化界、艺术家对尤无曲的关注和推崇。2005年，央视《人物》栏目播放《水墨大师——尤无曲》。同年，荣宝斋出版社出版发行《荣宝斋画谱·尤无曲绘山水》《尤无曲画集》《近现代篆刻名家印谱丛书·尤无曲》，河北教育出版社出版发行《艺术巨匠系列丛书·尤无曲》。其中的一些作品被故宫博物院、中国国家博物馆等单位收藏。

2006年5月，尤无曲病逝，最后遗言"人淡如菊"。同年，《尤无曲画集》出版，《人民日报·海外版》以"《尤无曲画集》展示文化奇迹"为题，对这部展示尤无曲九十二年艺术生涯的画集进行了报道。

Tips 尤无曲艺术馆

    南通光朗堂尤无曲艺术馆位于南大街名都广场二号楼，是经南通市文化局批准，民政局注册成立的民办非企业单位，是纯公益名人艺术馆。它是南通市名人馆联盟副理事长单位，南通环濠河博物馆联盟单位，南通市博物馆联盟单位。尤无曲艺术馆免费开放，常年陈列尤无曲的画作、著作及曲园盆景。

丁芒：丁古角走出的红色诗人

丁芒年轻时的戎装照

"入木为丁，脱颖为芒"。这是诗人流沙河对丁芒笔名的精妙解读。丁芒，这位从南通城丁古角走出去的著名诗人，用其八十余载光阴倾心创作，以笔杆之力在浩瀚的中国文学长卷上留下了不朽诗篇。诗坛曾有"北臧南丁"之说，即"北有臧克家，南有丁芒"，是读者对丁芒的高度认可。

丁芒，原名陈炎，1925 年 9 月出生于南通。他 15 岁上中学时，就写出了载入中国诗歌史册的七言绝句《石桥暮归》："南石桥高挹落霞，苍茫寺角晚烟斜。暮钟撞碎清波月，邀得清风到我家。"

丁芒从小到老，一直既写新诗，也写旧体诗。他的诗以奔流夺壑之势，在以新诗和旧体诗为两岸、以新旧诗接轨为目标的河道中奔腾涌进。

1945 年 7 月，20 岁的丁芒到《江北日报》当记者，兼编《诗歌线》《散文》两个副刊。不久，抗战胜利，国民党接收《江北日报》，改名为《东南日报》。他继续留任，除了负责地方新闻外，还编副刊《诗》《山花》。也是在这期间，丁芒接受革命浪潮的洗礼，确立了共产主义信仰，诗文的风格从风雅浪漫转为冷峻犀利，发表了不少有进步倾向的新闻、诗歌、散文、小说，迎来人生第一个创作高峰。

1946 年 3 月 7 日，在震惊中外的南通"三·一八"惨案发生前十天，经地下党组织帮助，丁芒虎口脱险投身到解放区，但师友钱素凡、孙平天、顾迅逸等惨遭国民党特务屠杀。他记得曾和孙平天一起怒怼一个国民党的专员，那家伙警告他们"锋芒不要太露"。悲愤的他，决定以"丁芒"为笔名，"丁"取的是出生地丁古角之意。他第一次用"丁芒"的笔名写下《一个国统区新闻记者的日记》等长文，痛揭国民党在南通的黑暗统治。

1946 年春，身处解放区，丁芒以第一名的成绩考取新四军华中建设大学，后加入华野十二纵三十五旅，以战地记者等文职身份先后参加苏北游击战、淮海战役等，掀开了军旅作家的崭新篇章。诗文《红色信号兵》《勇敢》，报告文学《海鹰》《英雄艇》等一批作品在此期间喷涌而出，并被翻译为俄文、日文等文字，在海内外传播。

1955 年，丁芒被抽调到解放军总政治部，任《星火燎原》编辑。该书由毛泽东题名，朱德作序，是"记叙中国革命战争的东方史诗"。在此期间，丁芒为罗荣桓、刘伯承等开国元帅及中央首长编辑整理了革命回忆录 40 余万字。

1956 年，丁芒在云南完成了人生的第一本诗集《欢乐的阳光》。随后，一首《傣村夜曲》成为他诗途醒目的路标。该诗由《人民日报》发表，由画家叶浅予配图。诗人雁冀认为这是丁芒真正的成名作。当时，诗人田间指出，当代诗坛极具格律美诗风的作者，以闻捷、严阵、丁芒三人最著。

可是好景不长，在"文革"期间，丁芒两次被开除党籍，行政降三级。1970 年，丁芒从部队复员，回到家乡南通市磷肥厂劳动改造。彼时，他写下了《军中吟草》等旧体诗和叙事新诗，以示不向厄运低头。

改革开放的春风暖雨，滋润了丁芒伤痕累累的心灵。1979 年 5 月，落实政策后的丁芒如愿以偿，调往江苏人民出版社，任文学编辑室副

晚年的诗人丁芒

主任,陆续出版了新旧诗、散文、小说、文艺理论、书法等四十余种专集与选集。1987年,丁芒离休后,依旧活跃在文坛。

丁芒的作品获奖多次,如《苦丁斋笔记》系列获1990年金陵文学奖,《当代诗词学》获2000年首届龙文化金奖,1999年国际华文诗书学会美学评委会授予"二十世纪国际桂冠诗人"荣誉称号。

2002年,78岁的丁芒完成了600万字的《丁芒文集》。他始终保持奋进精神,积极投入文学艺术的创作、研究、教学活动,《丁芒诗词教学点评》《丁芒书画论、题画诗》等佳作频出。

2012年5月,丁芒被推举为中华诗学研究会名誉会长。他创新性提出"两栖诗人"的概念,并推出了以"自由曲"为载体的"关于诗的哥德巴赫猜想",在中国诗坛引起了强烈反响。

丁芒的人生颇富戏剧性,家庭生活也因受到了冲击,1970年第二次离婚后,他一度对自己的婚姻失去了信心。1977年,当时正在交通部直属江阴澄西船厂担任宣传科长的丁芒,遇到了前来拍摄新闻的江苏电视台女记者、出生于如皋的樊玉媛。这次美好的邂逅,让他们携手到白头。

　　20世纪80年代，有一部曾轰动一时的电影《月到中秋》，它用艺术的手法，形象地再现了"文革"后重新组合的家庭所经历的感情故事。这部经典电影的原型正是丁芒与樊玉媛这对南通伉俪。记录两人相识、相知、相爱历程的书信往来有30余封，在丁芒八十大寿的时候，他将这份"两地书"与其他个人资料一起，交给南通档案馆永久保存。丁芒说，已经把灵魂寄托在这些档案之中了。

20世纪80年代的经典电影《月到中秋》，根据丁芒夫妇的真实经历改编

袁运甫·袁运生：在墙上绘就美术史新画卷

公共艺术大师袁运甫

油画艺术家袁运生

在南通寺街石桥头 27 号的袁氏老宅里，一户兄妹八人中出了多位名人。

排行老四的袁运甫，是画家、美术教育家、公共艺术泰斗级人物；其六弟袁运生，也是享誉海内外的美术家；他们的大哥袁运开，则是闻名的科学史家，曾任华东师范大学校长。他们的血脉中，既有父系祖先明左布政司袁随"倚马立得"的聪颖，又有母系祖先北宋哲学家"二程"（程颢、程颐）的理智。

袁运甫生于 1933 年端午节翌日。在这个崇尚诗文的老式文人家庭，他从小就接触艺术。袁运甫谨遵自重、自省、自觉的家教，一生以"辛勤耕耘无终期，不敢懈怠误艺涯"自励。小学毕业，他以优异的成绩考取了省立名牌中学——南通中学。南通中学师资力量雄厚，有着全省一流的美术教师。他的这一美术爱好，在美术老师的培植下，得以发扬。

1949 年，袁运甫考取了中西绘画实力雄厚的现代艺术摇篮——杭州国立艺专。1953 年年初，袁运甫转入学北京中

袁运甫 1973 年画的南通风景

央美术学院，受业于张光宇、张仃等老师门下。南北两所名校尽管艺术教学和艺术思想的侧重各有不同，然而都重视艺术风格研究，注重教授个人艺术特长，故袁运甫能够多方面汲取南北各派名家之长，获益匪浅。

1956 年，中央工艺美术学院成立，袁运甫留校任教。历史的机遇，使袁运甫得以与国内闻名的诸师长共事相聚，教学艺事研讨尤深，历经患难与欢乐，更得相交忘年。袁运甫在中央工艺美术学院当教师时，每带学生实习，他必画作盈夹。郑板桥的"删繁就简，领异标新"成了他的座右铭。袁运甫融会中西艺术，勇于探索创新，涉足于水粉画、油画、彩墨画、装饰艺术、壁画艺术、公共艺术等广阔的领域。

"文革"后，袁运甫开始了以巨大的热情致力于装饰艺术教育、

袁运甫作品《万里长江图》（局部）

公共艺术及彩墨画创作的"中兴十年"。从 1977 年与黄永玉先生合作设计毛主席纪念堂大型壁画《祖国大地》开始，袁运甫壁画新作迭出。

  1979 年 10 月 1 日落成的首都机场壁画群，袁运甫的《巴山蜀水》是最引人注目的壁画之一。这幅以长江三峡为题材的壁画，描绘了从重庆经万县、白帝城至夔门的壮阔图景。这幅作品是 1975 年袁运甫在长江上经过三个月的艰苦写生获得的素材。回到北京，正值"四人帮"批黑画。白天他在单位挨批斗，晚上回到家偷着画那不能忘怀的长江。画好数年，却不敢示人，直到 1979 年才借助首都机场这一平台，将这一作品展现给世人。当年，袁运甫、袁运生、范曾三位南通籍画家应邀为首都机场创作壁画，创造了时代经典，被中国美术家协会原主席吴作人誉为"南通三杰"。

从那以后，袁运甫始终专注以装饰艺术、绘画艺术和理论研究为支撑的公共艺术创作实践，实践大美术的道路，博收厚积，有容乃大。袁运甫的新作，源源不断，年年出彩。仅至 1995 年 6 月，他就完成大型公共艺术作品 32 件，总面积达 3651 平方米。

袁运甫在他的艺术实践中，打破绘画、设计、公共艺术、艺术理论研究及美术教育之间的壁垒，将多种美术门类在文化上融汇、在创作上互通，堪称中国现代壁画复兴运动的开拓者、引领者。

进入 20 世纪 90 年代后期，袁运甫的艺术创作，由壁画拓展至雕塑、而至更广义的公共艺术——遍及全国的文化广场。

世纪之交，袁运甫担任国家重点艺术工程项目的主笔——安装在故宫太庙的中华和钟，以及安装在 中华世纪坛的《中华千秋颂》石雕壁画和中央金柱《龙凤呈祥 日月光华》等的总体设计。当人们徜徉这些历史与现实交相辉映的艺术杰作前，由衷地感谢把历史厚重和辉煌演绎得流畅如歌、激情四溢的公共艺术家——袁运甫及其同事们。

袁运甫一直没有忘记哺育他成长的江海大地，在他的艺术创作中，时常融入南通元素。2014 年发行的《长江》特种邮票，以袁运甫的国画《长江万里图》为蓝本。其中，"江畔水乡""东流入海"两枚邮票，集中描绘了南通狼山、苏通大桥，以及万里长江与东海、黄海三水交汇的壮丽景色。

2017 年 12 月 13 日，艺术家、清华大学美术学院教授、博士生导师袁运甫先生，因病在北京逝世，走完了他 84 年的艺术人生。

袁运生比四哥袁运甫小 4 岁，他的学画，自然离不开袁运甫的影响。在南通中学读书时，袁运生和同班喜爱绘画的同学范曾、顾乐夫一起，受到老师重点培养，市文联美术协会也破格吸收了这三个当时才十二三岁的小伙伴为会员。

袁运生是南通第一个考上中央美术学院的学生，那是 1955 年的 7月，他以第一名的身份被中央美院油画系董希文工作室录取。毕业后，袁运生曾在中央工艺美术学院、中央美院任教。

　　说起袁运生，一定回避不了他四十多年前的那幅轰动全国，乃至牵动世界目光的壁画作品。

　　1979 年 10 月，一幅题为《泼水节——生命的赞歌》的大型壁画作品亮相北京首都机场航站楼。作品因为大胆地使用了傣族裸女的形象而引发巨大争议，由此开启新中国美术史上的一次破冰之旅。

　　这幅大型壁画的作者正是袁运生。据袁运生回忆，在创作这幅作品之前，他在云南西双版纳生活了八个月。少数民族群众那种对自然的热爱、对生命的尊重，以及对于人体所持有的开放观念让他感动，这种深深的震撼让他产生了为之礼赞的创作冲动。

　　这是新中国首次在公众场合展示人体的绘画作品，它不仅引领了艺术领域的突破创新，而且成为中国改革开放进程中具有象征意义的历史性事件。如今，这一被称为"中国改革开放风向标"的作品，已是中国现代美术史上公认的经典。

袁运生《泼水节》手稿

在 1980 年第一期《人民画报》上，刊登着赞扬机场壁画的文章及作品图片，介绍文字这样写道："青年画家袁运生，思想活跃，勇于创新。"此时被称为"青年画家"的袁运生已经 43 岁。不久，中央美术学院院长江丰借此东风，将袁运生请回中央美术学院壁画系任教。

1982 年，美国的北爱荷华大学、哥伦比亚大学和美中文化交流协会，会同美国政府共同邀请袁运生赴美讲学。不久，袁运生获准以中国艺术家的身份赴美参观访问。这次出访，是袁运生十四年旅美艺术生涯的开始。

袁运生虽身居海外，但并没有忘怀祖国。祖国艺术的繁兴召唤着游子思归，1996 年，袁运生的母校中央美术学院正式邀请他回校主持油画系第四画室的教学重任。袁运生接受聘请，于当年秋季回国任教，再续一段历经艰难、痴心不改的新艺术历程。

2019 年 9 月，超大型国际航空综合交通枢纽——北京大兴国际机场建成通航，年过八旬的艺术大师袁运生再度应邀为新机场创作大型壁画。他这组以《山海经》为题材的8幅巨型壁画，必将成为令人瞩目的公共艺术精品。袁运生告诉家乡记者，希望能为即将开建的南通新机场创作出传世之作。

2023年1月17日，"回到南通——袁运生艺术展"，在紫琅湖畔的南通美术馆启幕，引发观众的观展热潮。这是袁运生艺术生涯最大规模的回顾展，《泼水节——生命的赞歌》《水乡的记忆》等经典作品悉数呈现在观众面前。4月8日，南通美术馆内高朋满座，"回到南通——

袁运生作品《水乡的记忆》（2020年修复后）

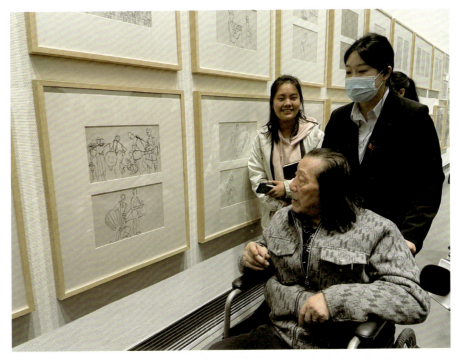

2023 年 4 月，袁运生在南通美术馆"袁运生艺术展"现场

袁运生艺术展"举行了开幕仪式，86 岁高龄的艺术大师袁运生同家人来到现场，与观众们面对面畅叙艺术人生。

范曾：十三代世家，诗文蕴画魂

　　崇川寺街，古巷深处，为当代诗书画大师范曾祖宅。范曾于 1938 年 7 月出生于此。

　　南通范氏系北宋政治家、文学家范仲淹后裔，如果从范仲淹的十世孙范盛甫迁居南通算起，至范曾为二十代。自明万历年间开始，南通范氏诗文世家以诗文传世，文脉悠悠，连绵不绝，传至范曾已经是第十三代。

范曾 2017 年作品《万类和睦 宇宙齐一》

　　范氏老宅仿佛隐逸于历史的皱褶处，院落内有一口明代古井，与远处唐代光孝塔遥相辉映，宛若一砚一笔。父亲范子愚时常勉励儿时的范曾："有如此笔砚，何愁写不出大块文章！"

　　父母都是教师，范曾幼承庭训。两岁时，就能背诵五言绝句，4 岁时便入学，会朗诵《岳阳楼记》《木兰辞》等。

　　幼学如漆，377 句《离骚》他脱口成诵。范曾八旬之后仍不忘乡音，有时吟诵诗句仍用方言。不仅因为南通话中保留了大量入声字，更因为那是他致思和为学的第一母语。

　　或许是天性、遗传，或许是从小背熟了那么多唐诗、宋词，他的

书画艺术大师范曾

范曾自评

心灵早早地便有了诗的意境，有了作诗的欲望。8 岁便能作出"绿羽顶红冠，花开处处啼"的诗句。这就是令乡贤张梅庵先生赞不绝口的《咏鸡冠花》诗。

11 岁时，范子愚就执手教范曾背诵古典诗文，对他讲解吟诗作对的技巧。从童年到少年，范曾以诵古诗、作己诗为日课。他在中学时便养成一种伴其一生的习惯：把历史知识或古诗词，写成小纸条贴在墙上，随时可以看到，随时能够温习。

1955 年，17 岁的范曾考入南开大学历史系，从此，离开了生于斯、长于斯的南通。源于对绘画艺术的挚爱，1957 年，范曾转学到中央美院。教授吴延璆先生叹惋道："中国可能会少了一个优秀的史学家，不过，会多一个优秀的画家。"

1962 年毕业时，范曾画了一幅历史画《文姬归汉》，送去给郭沫若先生看，郭沫若先生很激动，夜不成寐，将一首长诗题赠在画上。这首诗，成了郭老的不朽名篇，录入他的《东风集》中。后来，郭沫若在寓

范氏老宅一角

所接见了范曾，并说今后有佳作，他还愿意给范曾题诗。

毕业后，范曾被分配到中国历史博物馆，随沈从文先生编绘中国历代服饰资料。他抱着"第问耕耘不论收获"的精神，先攻白描，再攻书法，临摹了一大批传世杰作。范曾在天安门的西阙门旁有了一间属于自己的斗室。壁上的空隙间，还是贴着一些常换常新的小纸条，那是范曾常诵常记的一些格言、诗词。他每天五点钟就起床，随即在午门和阙门之间跑步，然后背诵古诗文、吟诗两小时。从那时起，范曾就已经拥有让人不可思议的阅读量和文化溶解力。

"痴于绘画，能书，偶为辞章，颇抒己怀，好读书史，略通古今之变。"范曾有24字的自评。

范曾喜欢作诗，他本无志为诗人，作诗既是述怀遣兴，也是必需的功课。因为他知道中国文人画家历来讲究诗、书、画三位一体，一幅优秀的中国画必须是"以诗为魂，以书为骨"。一个成功的画家，一定要兼爱书法和诗歌。但多年以来，他的文名一直为画名所掩。

范家历来重视书法，故范曾童年即便是在吟诗作对之后，每天也

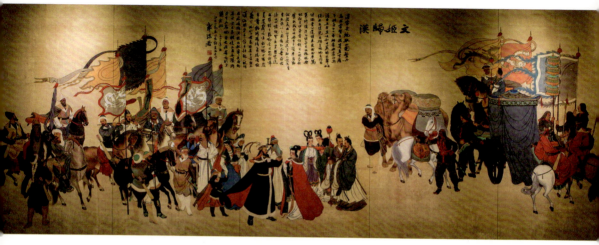

范曾早期作品《文姬归汉图》

必须研读名帖，悬腕对临十张毛笔大字。在大学时，他曾以三个月的光阴，临摹过一百遍《兰亭序》。年复一年的萤雪之功，使得范曾最后不仅写得一手好字，形成了大家所熟悉的具有鲜明艺术个性的"范体"字，且以书法之笔作画，更是得画史精髓，开一代新风。到61岁时，他的书法风貌大变，给人力破千钧、大气凝重之感。2001年，他为山东梁山摩崖石刻所书写的《水泊梁山记》就是他书风变法后的代表作。

对范曾作画一生影响最大的首推蒋兆和先生。蒋兆和要求范曾画画要在精确的判断之后放笔直取，如灯取影，纤悉不遗。遵循师训，范曾进行了十分刻苦的探索。"人难画手"，范曾就从最难处入手，画了数以千计的详尽的高难度手的白描写生，将肌肉骨骼熟记于心，才做到今天的不假思索，意到笔随。

常年的伏案读书作画，使范曾的胸骨和脊椎骨都发生了变形，右手痛得都抬不起来。1977年秋，范曾因为生结肠息肉，恶性贫血，血色素不及常人的二分之一，住在北京医院。不顾病痛，他决定为鲁迅小说画插图。他置一小几于病榻，研墨吮毫，一张一张地画着，乐以忘忧。手术后几天，他就捂住刀口挣扎着起来继续作画。就这样，在北京医院的两个多月，他坚持将鲁迅先生的《呐喊》《彷徨》《故事新编》的全部插图完成。

1980 年冬，范曾为了筹备赴日本的个人画展，投入了紧张的工作。偏在这紧张的时候，他父亲生病，他背着画具赶回老家。在南方滴水成冰的严寒日子里，他每天白天侍奉父亲于病榻旁，凌晨四时起床吮墨挥毫。范曾画的是泼墨大写意的人物，需要激情奔放，用笔纵横，衣服穿多了会挥写不便，影响画面气韵。于是他在零下十几度的寒冬凌晨，只穿件毛衣，破冰研墨，有时深夜作画，全然不顾疲劳与寒冷，不知东方之既白。

　　1984 年，范曾被调任天津南开大学教授。这时他萌发了要在南开大学设置东方艺术系的愿望，以弥补中国名牌综合性大学没有艺术系的缺憾，与国际接轨。为了筹集资金，他去日本办画展。整整一个夏天，他总是不待鸡鸣便跃然而起，直至深夜才搁笔就寝。然后，马不停蹄地又去新加坡、中国香港等地办画展。历经三年的艰苦努力，凝结着范曾心血的东方艺术大楼落成了。

范曾艺术馆

1990 年年底，范曾负笈赴法国巴黎。在异国他乡，范曾磨尽了十块名为"铁斋"的好墨，画完了二十刀宣纸，用废了数十支毛笔。这期间，范曾的生命化为了线条、色彩，化为了浮动于画面的气韵，化为了流布到画外的神采。

范曾的画，歌颂了那些为祖国的生存和发展鞠躬尽瘁、死而后已的孤忠之士，赞扬了那些千百年来作为中华民族精神之维系的高风亮节和道德懿范，使陈旧的历史重新现出了亮色，获得了各界人们的喜爱。范曾的画，包含着民族的自信心和自豪感，得到了海外侨胞感情上的共鸣；范曾的画，弘扬了炎黄子孙的傲骨烈魄，不同民族、不同人种、不同语言的人，都可以从画中感受到龙的传人那积极向上的气势。

狼山香炉峰下，范曾与先祖范凤翼的摩崖石刻并列一起，这是范氏诗文世家跨越时空的对话。在山峰另一侧，1983 年，由赵朴初命名的法乳堂落成。范曾专门绘制的十八高僧像，以超迈的笔墨技巧，灵动的范氏人物画风格，令游客到此观之，为之赞叹叫绝。

1984 年，日本冈山县建立永久性的范曾美术馆。2007 年 11 月，中国第一家范曾艺术馆成立于南通大学主校区。2012 年 3 月，南通大学范曾艺术馆正式开工，2014 年 11 月正式开馆。该馆成为国内研究范曾艺术的重要基地，同时也是南通文化展示的重要窗口。

对于家乡，范曾有这样的动情之语："这些年我已走过很多国家，在我浪迹天涯的时候，我总会想起在淮南江北海西头最美妙的土地，这里有我童年的幻境，少年的梦想，青年的追逐。南通，我唯一的生命归宿。"

杨乐：把中国人的名字写进数学书

他曾被数学家华罗庚、国际数学大师陈省身亲切地称为"师弟"，他和同事张广厚合作的研究成果被国际数学界命名为"杨张定理"……他就是中科院院士，获得全国科学大会奖、国家自然科学奖、国家科技进步奖、华罗庚数学奖的南通籍数学家杨乐。

中国科学院，国内最神圣的科学殿堂。2019年大暑时节，一位满头银发的老人，站

数学家杨乐

在晨曦中的中科院数学院南楼楼下，迎候家乡来客。这位精神矍铄的老者，就是从南通走向世界的杨乐先生。

"七十多年过去，往事历历在目。"对南通解放，杨老留下终生难忘的印象，"1949年农历正月初五，还不满10岁的我跟随父母到南城门去看解放军进城。母亲紧紧抱着我，激动得流泪"。

"小学时我就喜欢数学。考入南通中学时，我意识到国家需要科技、需要人才，"杨乐说，"我坚定地认为学好数学可以报效国家"。

高一新学期，他给数学教科书包上漂亮书皮，并在书皮空白处悄悄写下"中科"二字，激励自己今后能进入中国最高学术机构——中国科学院。1966年，杨乐在中国科学院数学研究所研究生毕业。1980年秋，

中科院各学部增选了280余位新学部委员（院士），当时未满41岁的杨乐成为最年轻的当选者。他后来担任了中科院数学与系统科学研究院院长，中科院数学研究所所长，中国数学会理事长。

青少年时代，杨乐在学习中发现数学中很多定理都是以外国数学家名字命名。难道，中国人就没资格吗？杨乐下定决心：一定要把自己的名字，也书写成数学书上的定理！理想到现实，山高水长。为中国人争这口气，他必须踏平无数艰难险阻。

考入北大后，杨乐从没赏过香山的红叶、玉渊潭的樱花，他把青春好时光，全交给数学。甚至，1976年突发震惊全世界的唐山大地震时，中关村的人们都跑出去避震，只有他一人留在楼内继续研究数学。

誓为中国人在世界数学界争一席之地的杨乐，数十年发愤图强，陆续发表高质量学术论文数十篇。他与同事张广厚合作，首次发现了函数值分布论中的两个主要概念"亏值"和"奇异方向"之间的具体

1977年，杨乐（右）和张广厚一起讨论问题

116

杨乐先生在办公室接受家乡记者采访

联系，这一震动国际数学界的成果被命名为"杨张定理"，或"杨张不等式"。

心血浇开爱国花。杨乐自少年时代起"要把中国人的名字写在数学书上"的梦想，终成现实。来自南通的杨乐，首次将名字镌刻在当代世界数学史上。如今，在南通中学为激励莘莘学子"为中华之崛起而读书"所设名人长廊上，杨乐在列。

以校友身份回通中参加校庆活动时，杨老认为：中国数学研究与国际一流水准尚有差距，但假以时日，中国一定会达到世界一流水平。

杨老殷殷寄语南通学子，"希望你们要有远大理想，要有自己的兴趣和追求，要有克服困难的精神，还要有坚韧不拔的毅力。祝愿更多南通人站上国际舞台，为国争光！"

身在京城，路途虽远，却未能阻隔杨老关心家乡发展的赤子之心。"南通在长三角城市带中拥有'通江通海通上海'巨大优势"，现场采访中，杨老对家乡信心百倍，"南通未来会更好"！

　　有个细节耐人寻味：坐在办公室研读数学资料感到疲倦时，杨老总会抽身而起站到窗前，将视线投向南方遥远天际。

　　放在杨乐先生案头那本被他时时翻阅的南通画册，应该是他绵长思乡情愫的最好见证吧！

　　2022 年 7 月 31 日，在南京举办的第九届世界华人数学家大会（ICCM）上，首次设立了"数学贡献奖"，该奖项授予在数学科学领域成就卓著、德高望重的领袖数学家，表彰其为中国数学事业攀登高峰做出的终身杰出贡献。中国数学家杨乐获此殊荣。

　　2023 年 10 月 22 日，84 岁的杨乐先生因病医治无效，在北京逝世。杨乐先生用他自己一生的故事，启迪着每一位青年学子——何惧前路漫漫，自有理想作伴。

马富：车轮滚滚的奋斗足迹

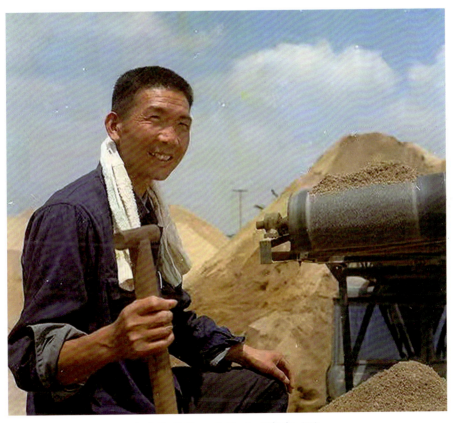

马富在建筑工地劳动（晓庄 摄）

20 世纪六七十年代的南通，马富是个家喻户晓的名字。他推独轮车、拉板车一干就是 30 年，在平凡的工作岗位上干出了不平凡的事迹。他曾三度受邀进京参加国庆观礼，受到毛主席等党和国家领导人的集体会见，从一名普通工人成长为党员领导干部、中共十一大代表。

马富（1927~1984 年），幼年丧父，很早承担起家庭重担，13 岁开

马富和家人忆苦思甜（晓庄 摄）

始，马富推独轮车同时打短工赚生活费。1951 年，马富进入当时的南通市运输公司，成为一名板车工人。他极其节俭，每次出工都随身携带针线包，袋子有漏口随时缝补；拉煤炭时，他的板车上总有一把扫帚，搬运结束后把散落的煤炭收集起来。诸如此类，在马富看来，自己运的是国家财产，一丝一毫都不能浪费。

自 1953 年起，每年的先进生产者都有马富的名字，他先后被评为市、省、部、全国劳动模范称号。1959 年，马富加入中国共产党，这让他工作干劲更足了。他主动请命，去完不成生产任务的小队当组长。面对队员的质疑，他在小组会议上诚恳地说："我是来当工人的，不是当组长的，有困难大家一起商量。"他以身作则、身先士卒，短短几个月就让后进队达到了平均水平。

马富家庭条件差，住的是草棚，但他公私分明，绝不占公家一点便宜。一天，马富外出工作回来，腿上沾满污泥，伸手从账桌上拿了只水瓶冲洗，正在结账的工厂会计徐少良拿出一根水筹递给他，马富随即掏出零钱结了账，让徐少良非常困惑。另一天清晨，马富去打水

马富车队车过和平桥（晓庄 摄）

洗脸，徐少良又拿出一根水筹递给他，被马富拒绝了，马富说"那是公家的水筹，私人用水自己掏钱"。这句话让徐少良敬佩不已。

马富不仅会苦干，也善于巧干。虽然只有初小文化，但他肯钻研、爱创新，工作之余将全部心思都用在改装板车上，让板车拉起来更快更省力。1960年，马富去徐州学习时看到一种新式板车，这一下子触发了他的灵感。他利用闲暇时间和技工一起动脑筋、想窍门，几个月后，成功地拿出了451辆"活络车轮"和100只板车刹车。新板车大大减轻了工人的劳动强度，运输效率大大提高。

当上南通市总工会副主席后，马富身上看不出一点"官样儿"，反而以他的三个"三分之一"工作规律出了名，即三分之一的时间在市总工会上班，三分之一的时间在运输公司工作，三分之一的时间去基层参加劳动。

"公"字当头，乐于助人，不改本色，艰苦朴素……诸多闪光点组合成马富饱满生动的劳模形象。

马富在几代媒体人眼里都是一座新闻"富矿"。关于马富的早期报

标兵马富在劳动中（**晓庄** 摄）

道，引发轰动的有这两篇：一篇是 1963 年 6 月 28 日《南通日报》头版头条刊登的长篇通讯《为公忘私 为人忘我》，一篇是同年 7 月 12 日《新华日报》发表的长篇通讯《马富——"公"字当头的人》。此后，全市、全省范围内掀起了学习马富的热潮。

因为《新华日报》的那篇长篇通讯，摄影家、新华日报摄影记者晓庄当时专程来南通为马富拍照，两人一见如故，成了要好的朋友。1970 年，晓庄被下放到南通，先后在南通日报和市文化局从事摄影工作。在那段不太如意的日子里，马富曾给予她很多帮助。而她为马富拍摄的照片，成了记录时代的珍贵史料。

如今，马富曾经工作的南通市运输公司，更名为林森物流集团。

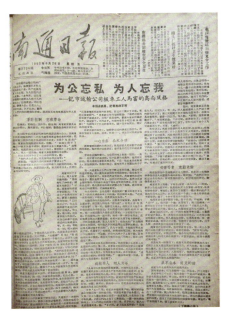

《南通日报》报道马富事迹

发展成为集普货运输、危货运输、大件运输、仓储配送、多式联运、驾驶驾培等于一体的现代综合物流企业,产值从当年2000多万元直线上升到如今的62亿元。尽管企业改了名称,但马富的精神依旧得到了很好的传承。

南通发展史,本质上就是一部江海儿女的劳动史、创业史。无论是老劳模马富的人生之路,还是林森物流的精彩蝶变,都充分印证了这一论断。

Tips　南通劳模群英谱

中华人民共和国成立后,江海大地上涌现出一代又一代劳动模范和先进工作者,可谓灿若繁星。2019年,丁雪峰、于冬娟、马富、尤建华、朱骅、朱月红、孙桂泉、李吉林、李庾南、张励、张菊华、姚泽炎、袁卫华、高凤英、郭锁珍、黄中伟、崔家龙、葛建华、筱白玉麟、薛济萍20名同志被命名为新中国成立以来南通市最具影响力全国劳动模范和先进工作者。据市总工会统计,截至2021年底,全市全国劳模健在103人、省(部)级劳模1769人、市劳模3418人。

朱良春：国医大师克顽症

他是南通中医界的泰斗和楷模，从医 70 余载，为国家奉献了众多宝贵的治病药方，填补了医学领域的很多空白。他就是国医大师朱良春。

尽管朱老已在 2015 年 12 月驾鹤西去，但在南通，无论是在南通市中医院、南通中医药文化博物馆，还是西南营掌印巷朱良春故居，或者走近忙碌在临床医疗一线的"朱家军"，依然能够深切地感受到朱良春在南通乃至全国中医药界的重要影响力。

青年时代的朱良春

作为我国中医药学专家、中医教育家和中医临床、教学、科研大家，全国首届 30 名"国医大师"之一，朱良春先后研制了"益肾蠲痹丸"等 20 余种具有自主知识产权院内制剂，多次获部、省级科技奖。他一生勤求古训，师古不泥，博采众长，济世活人，孜孜不倦，为中医药事业的传承与发展做出了巨大贡献。

作为朱熹第 29 代裔孙，朱良春学医纯属偶然。中学时，他得了肺结核，连续高热不退，身体骤然间消瘦。自此，他的心中便升腾起一个强烈的愿望：停学从医。

1935 年，18 岁的朱良春启蒙于孟河御医世家马惠卿先生，一年

2003 年，朱良春（前排右 2）荣获中华中医药学会颁发的抗击非典特殊贡献奖

后考入苏州国医专科学校学习。1937 年，转入上海中国医学院，师从沪上名医章次公先生。1938 年，朱良春毕业出师，恩师章次公送给了学生 16 个字，刻在了印章上："儿女性情，英雄肝胆，神仙手眼，菩萨心肠。"

1938 年，学成毕业的朱良春，回通在仓巷开设中医诊所。适逢疫病流行，他因治愈大量登革热患者享誉一方。当时，日寇侵华，国难当头，人民遭殃。朱良春认为，要打败敌人，拯救中华民族，必先壮其筋骨，强其体魄。为此，他自费办起了小型杂志《民间医药月刊》，搜集民间单方草药，汇集成册，每期二三百份，免费寄送，深受群众欢迎。1945 年，朱良春创办南通中医专科学校，将老师章次公聘为校长，自任副校长。

新中国成立后，朱良春迎来了大展身手的好时机。1952 年，他联合几位医学同仁开了南通市第一家中西医联合诊所，后扩建为南通市联合中医院，借用听诊器、显微镜等西医设备和手段，提高诊疗水平。

国医大师朱良春

　　1956年，朱良春与同仁将联合中医院无偿捐献给了国家，成立了公立的南通市中医院。朱良春被推选为第一任院长，任职28年。

　　20世纪50年代，南通市中医院名医荟萃，被评为"全国红旗单位"，朱良春对此并不满足。他思想开阔，气量恢宏，努力发掘民间祖传秘方，造福于民众，将蛇医季德胜、专治淋巴结核的陈照、专医肺脓肿的成云龙等"土郎中"请进医院，开设专科病房，帮助他们整理经验，搞研发，成就了南通市中医院"三枝花"的杏林佳话。

　　进入中老年后，朱良春把培养中医优秀人才作为自己的天职。他通过临床传帮带，指导进修，授课，组织专题系列讲座，著书立说，以及平时的身传口授等途径，悉心培养的在国内中医界有影响的弟子就有百余人。朱良春坚守"经验不保守，知识不带走"的承诺，在98岁高龄仍登台授课、释疑解惑，真正做到了"桃李满天下"。

　　在国内中医界，朱良春有"五毒圣手"之称，他对虫类药潜心研究长达数十年之久，善用毒虫、草药。朱老说，虫类药具有一种生物活性，它的治疗效果比植物药要强得多，因为它含有大量的动物蛋白质、多肽类和各种酶，并含有一种灵气，是血肉有情之物。朱良春的这一研究成果为治疗当代许多肿瘤、心脑血管病开辟了一条崭新的途径。由他著述的我国首部虫类药专著《虫类药的应用》于1978年出版，后多次增订再版，填补了中药学虫类药专著的空白。在此基础上，还创制了许多有效药方，为攻克顽症痼疾做出了突出贡献。

2009年6月19日，30位从事中医临床工作的老专家获得了"国医大师"荣誉称号。这是新中国成立以来，国家第一次在全国范围内评选国家级中医大师。朱良春名列其中，并且是唯一来自设区市的中医。

2015年3月，南通中医药文化博物馆正式开工建设。朱良春率先捐资50万元，成为第一位捐款人。朱老子女也积极响应，共同捐资200万元用于博物馆建设。为了振兴中医药事业，朱老把他的儿孙们都领上了中医传承之路，祖孙四代36人中有17人从事中医药工作，被老中医邓铁涛教授称之为"朱家军"。

2015年12月13日22点26分，因突发急性肺栓塞，朱良春与世长辞。在去世前10个小时，他还在给两位学术传承人的论文签字，指导他们参加出师答辩。

回顾朱良春的一生，他真正做到了"自强不息，止于至善"，为中医药事业的传承和发展做出了杰出贡献。

Tips　南通中医药文化博物馆

若是外地游客来南通，可去位于环西路华威园内的南通中医药文化博物馆打个卡。国医大师朱良春晚年一大心愿即建立这一博物馆。博物馆展馆建筑面积约1000平方米，展陈面积约900平方米。基本陈列区包括南通中医药总介、南通籍中医药名家墙、南通中医药发展成果区、国医大师朱良春办公故居、清代顺寿堂老药铺、南通籍中医药非物质文化遗产、中药材标本长廊、药用动植物生态园，以及虫类药展示区等板块。

儿童教育家李吉林

李吉林：她用一生诠释着爱的教育

　　她18岁从教，81岁还在考虑完善自己开创的情境教育体系；她热情地追逐美好，用真挚的情感拨动儿童的心弦，书写明天的诗行。

　　她一生为了学生，桃李满天下。在南通小学教育第一方阵的特级教师队伍中，她的徒弟遍布南通城乡。

　　她一生多次拒绝担任领导职务，一直都在通师二附面对天真烂漫的孩子，被称为"永不退休的小学老师"。

　　她就是李吉林，儿童教育家、中国情境教育创始人，1938年5月出生于南通市，她的家在寺街街区官地街73号。

　　1956年，李吉林以22门全优成绩走出江苏南通女子师范学校，被分配至现在的南通师范第二附属小学校，开始了人民教师的教学生涯。当年的校长缪镜心（范曾的母亲）把她作为一棵好苗子加以精心培养。

1958 年，年仅 20 岁的李吉林就被江苏省教育厅邀请参加编写小学语文教学参考书。

1978 年，李吉林受外语教学中情景教学方法的启发，尝试让学生通过在情境中表演的方法来理解表现人物的神情、动作。这一尝试，情境教育的大门被李吉林打开。

她向学校领导提出，她要带一个实验班，从一年级教起，探索研究小学语文教学，开始情境教学的实践。她由此成为中国教育改革的领跑者，被评为江苏省特级教师。1980 年，情景教学首轮实验进入攻坚阶段，李吉林光荣地加入了中国共产党，这给正在进行的实验研究注入了强劲动力。这一年，《人民日报》一下子发表了她班上三名学生的作文，并加了编者按语，高度评价了李老师的这项实验。

1983 年，李吉林所教的五年制小学生和其他学校的六年制小学生一起参加升学统考，合格率 100%，四分之三的学生考上了省、市重点中学。经学校所在的崇川区教育局统计，学生作文优秀率是全区平均水平的 12 倍，阅读优秀率则是全区的 5 倍。不久，南通市教育局又进行了语文 10 个项目的测试，学生成绩优异。

20 世纪 80 年代末，全美教育研究会（AERA）时任主席、美国心理学家瑞兹尼克，在 1987 年一场名为《学校内外的学习》的演讲中提出，日常生活情境有别于学校情境，日常学习或称校外学习与校内学习存在差异。

李吉林情境教育的发端比瑞兹尼克的演讲整整早了九年。正如华东师范大学教授吴刚所评论的那样："难能可贵的是，李吉林主要不是通过理论的假设，而是通过三十余年不懈的实践与探索，使得中国的情境教育达到了足以回应世界的理论高度。"

李吉林基于 1978~1996 年这十八年的局部课程实践，一直到 2000 年才就这个课题做出回顾和梳理，提出"情境课程"主张，阐述了"情境课程"的理念。她从"教育空间、心理距离、强化主体、创新实践"四方面构建了情境教育的基本模式。

她说："从情境教学拓展到情境教育，目的是要让更多儿童获益，而不是只局限于一个实验班，一所学校"。她的美好愿景是情境教育此走向大众化。

她著作累累，情境教育思想和理念成为小学教育的必学内容。2017年，李吉林的三本情境教育专著英文版正式发行。这是中国基础教育的重量级研究成果，第一次以英文版在海外发行，被学术界称为"回应世界教育改革的中国声音"。据施普林格出版社数据显示，李老师三本著作的引用率相当高。这份成绩单，在国内小学教育界，李吉林名列前茅。

1998年11月，我国第一个以教师个体的教改研究成果命名的研究所——江苏情境教育研究所在通师二附正式挂牌成立，李吉林亲任研究所所长。同时挂牌的还有"江苏省小学教师情境教学培训基地"。情境教育，已经走上了快速发展之路。

2014年，李吉林获得全国首届"基础教育国家级教学成果"特等奖第一名。在这个教育界最高荣誉下，李吉林想到的还是责任。情境教育的未来该怎样走？儿童情境学习范式怎样进一步完善、充实、周密架构？儿童面对未来社会的变幻、不确定性以及信息社会的飞速发展，今天的学习该如何及早为他们打下基础？许许多多的问题让李吉

李吉林老师带领孩子们上情景课

林总是处于思虑中。2014年9月底，李吉林所在的江苏情境教育研究所专门聘请多名学者作为顾问、特约研究员。

2019年，为教育事业呕心沥血一辈子的李吉

李吉林给孩子们演讲

林，身患重病住院倒下了。哪怕在这一刻，李老师也专门提出，要在通师二附旁边的中医院治疗。在她的强烈要求下，院方特地将病床的朝向从向南转为向北。李老师躺在床上，就能透过病房的窗户，看到她工作过的学校和校园里心爱的孩子们。

护士王丹丹回忆："李老师在还能下床活动时，每每听到孩子们清早上学时的叽叽喳喳，听到下课铃后孩子们在操场上的愉快笑声，她都会慢慢起身，在窗边深情凝望……"

一生为了孩子，一生奉献给了孩子。这位没有任何官衔的老人离世第二天，四面八方的人们便通过各种方式致哀。有时任教育部部长陈宝生，有艺术大师范曾，有在校工作的老师们，还有不可胜数的学生和家长们。

在告别仪式上，李老师的徒弟、学生们从各地赶来，许多人哭成泪人。表达着无尽哀悼之情的花篮，从灵堂一直摆到外面的道路上。

2020年教师节，李吉林的塑像在通师二附珠媚园内落成。盖在她头像上的红色丝绸掀开后，面带笑容，凝视操场的李老师塑像，完美地还原了那位慈祥的老奶奶。李老师面带微笑，关切地看着的孩子们，这一瞬间已经变成永恒。

郑毓芝：影视圈"老太君"这样炼成

她似乎从来都没有大红大紫过，影视迷可能也没有熟记她的名字。但是，只要她的形象在大银幕或荧屏一出现，人们都会觉得这位老太太好眼熟。她就是沪上公认的表演艺术家、国家一级演员郑毓芝。

今年已经 86 岁的郑毓芝，是地地道道的南通人，1936 年出生在工业重镇唐闸。

郑毓芝的父亲是从镇上走出去的中国第一代飞行员郑长庚。1942 年 11 月 1 日，郑长庚驾驶美制 C-53

表演艺术家郑毓芝

运输机执行送钱款任务后返航，因天气恶劣，在兰州机场降落时失事殉职。郑长庚安葬于南京航空烈士公墓。他留在黄埔档案里的通讯处是唐闸市郑仁和号，这个商号或许是郑长庚家的产业。

郑长庚有一子二女，其中的一个女儿，后来成长为长期活跃在影视界的表演艺术家，这就是郑毓芝。

父亲壮烈殉国时，郑毓芝只有 6 岁。抗战胜利后，郑妈妈带着郑毓芝姐弟三人离开了举目无亲的兰州，辗转到了上海。读初中时，从小喜欢表演的郑毓芝便报考了上海行知艺术学校，后来转入新成立的上海戏剧学院。

1958 年，毕业前夕，班级里组织公演，排演话剧《远方》，当时的班主任、戏剧表演教育家田稼选中郑毓芝扮演剧中温柔美丽的少妇格拉莎。郑毓芝把格拉莎塑造得细腻而传神，她的表演让很多人眼前一亮。

郑毓芝毕业后，被分配进了上海实验话剧团（即后来的上海青年话剧团）。加入剧团没多久，团里就排演了俄国剧作家奥斯特洛夫斯基的著名作品《大雷雨》，郑毓芝出演美丽天真、向往自由的女主角卡捷琳娜。

在剧中出演卡捷琳娜的丈夫奇虹的，是郑毓芝在戏剧学院的同班同学陈茂林。在台上，两个人是格格不入的"奇虹"和"卡捷琳娜"，而在台下，两颗心却越走越近。最终，郑毓芝凭借这个角色获得了青年演员奖，在上海滩一举成名。同时收获了一份真爱，陈茂林成为与郑毓芝相伴偕老的爱人。

"文革"结束后，郑毓芝这位被耽误了大好年华的演员迸发出惊人的能量。在上海话剧舞台上，凭借着自然、大方、真挚、收放自如的表演，郑毓芝逐渐成为圈内公认的实力派话剧演员。

1980年，她在《清宫外史》饰演慈禧，开启了扮演中国历史女名人的历程。1981年，她在话剧《孙中山与宋庆龄》里扮演宋庆龄，是中国舞台上第一个扮演宋庆龄的女演员，凭此角色斩获首届上海戏剧节优秀表演奖。直到1993年从上海青年话剧团退休，郑毓芝始终没有离开过这方梦想的舞台。

1982年，一直从事话剧演出的郑毓芝开始"触电"。那一年，应导演张骏祥的邀请，她在影片《大泽龙蛇》中饰演北伐战争时期赣西煤矿上善良、朴实的顺子嫂。

对于影视圈来说，46岁的郑毓芝是个完全的"新人"，但她属于那种年龄越大越有戏的"老戏骨"。很多观众都感觉到，认识郑毓芝时，她就是一个慈祥的老太太了。

郑毓芝从来不忌讳自己的年龄，也不相信什么"冻龄"的神话，她说，"老了就是老了，没有什么遮遮掩掩的。"郑毓芝在生活中从来不会端着一个演员的"范儿"。不演戏的时候，她挎个篮子去菜市场，

郑毓芝在话剧舞台饰宋庆龄

郑毓芝扮演老太君

看上去与上海里弄的阿姨没有任何两样。

郑毓芝真正让观众熟悉的作品，当推1998年播出的《婆婆媳妇小姑》。这一年她62岁，在剧中饰演婆婆。

郑毓芝这次饰演的一位典型的上海婆婆，与剧中儿媳傅艺伟精彩的对手戏，将婆媳关系这一千古矛盾演绎得有声有色。该剧只有短短23集，却轰动一时。获得了大众电视"金鹰奖"最佳电视剧，播出后带动出现了一大批跟风的"婆媳剧"。

2000年播出的电视剧《上错花轿嫁对郎》，也是一部大热之作。郑毓芝在剧中饰演的齐老太君给人留下了深刻的印象，几乎成为这类古装剧里权威老太太的标杆。《黛玉传》中的贾母就是这样的角色。在这之后，郑毓芝俨然又成了"老太君专业户"，在吴奇隆与朱茵主演的《萧十一郎》剧中饰演沈太君。

郑毓芝成了影视圈的"最牛老太太"。在两部现象级的古装剧中，辈分最高的角色都由郑毓芝担纲。2015年的《琅琊榜》中，她是太皇太后，当她时而糊涂、时而清醒地唤着"小殊"的时候，不知道有多少观众跟着泪目。

2019年《庆余年》中，郑毓芝一改往日的亲和形象，变成了一个霸气侧漏的南庆老太后，上来就赏了李小冉饰演的长公主一巴掌，让她守住分寸。这也让观众明白，老太太除了慈眉善目，还是有多种类型的。

年华渐老，情怀依旧，年过八旬的她如今仍活跃在影视圈。2021年，在王珞丹、郭京飞主演的电视剧《两个人的上海》里，郑毓芝饰演文嘉奶奶。同一年，她在任嘉伦、白鹿领衔主演的都市情感剧里，饰演王家奶奶。

郑毓芝一直心系家乡南通，她在工作中也与几位南通老乡产生了交集。长期担任上海青年话剧团团长的陈少泽，就是一位南通人，他主演的《保密局的枪声》曾轰动一时。南通籍导演江平，在上海戏剧学院导演系读书时，班主任就是郑毓芝的爱人陈茂林教授。江平毕业时，师母郑毓芝竭力向陈少泽推荐，让江平去剧团影视部当了导演。

江平后来执导的与南通有关的影视作品中，师母、同乡郑毓芝总是倾情出演，不遗余力。

1992年，江平拍摄电视剧《濠河边上的女人》，这是根据南通作家黄步千小说《濠河人家》改编的一部剧。郑毓芝接到江平的邀请，立即决定出演剧中的"水生娘"。郑毓芝说，自己是濠河的女儿，能演一回濠河边的女人是几十年的愿望。在剧中，她将一个饱经风霜的"下河妈妈儿"演得活灵活现。

2018年，由江平执导的影片《那些女人》云集了众多影视红星，可谓星光闪烁濠河畔，讲述的是抗日战争时期发生在南通城一段血与火的传奇故事。郑毓芝在影片中饰演的保家奶奶，面对日寇临危不惧，角色展现出的这种民族大义，是抗日战士后人血脉传承的自然流露。

2018年6月9日，郑毓芝一行回到唐闸寻根。作为郑氏后人，漫步在先祖曾经生活过的土地上，郑毓芝内心触动非常大。当年的郑家就住在老工房，因近年道路扩建，郑长庚的故居已被拆除。郑毓芝在

郑毓芝回家乡唐闸踏访

老工房留下珍贵的合影。随后参观了唐闸印象展览馆，对家乡的发展变化有了更真切的了解。

尽管少小随父辈离乡，但在郑毓芝的心灵深处，始终珍藏着关于故乡的那段记忆。

修车老人·磨刀老人：慈善双雄感动中国

"慈善双雄"受到社会各界敬仰

　　南通崇川，是远近闻名的全国文明城市"五连冠"城市主城区，也是孕育"好人文化"的精神家园，催生出无数时代楷模、平凡好人。从乡村田野上走出、被新华社誉为"慈善双雄"的胡汉生和吴锦泉，就是崇川文明沃土上培育出的"好人标杆"。

　　2023年3月28日，"大爱永存——修车老人胡汉生生平事迹展"在南通群英馆特展馆开展。举办这样的活动，为的是纪念一位已经逝世十年的普通村民 ——修车老人胡汉生。

　　胡汉生老人生前系天生港镇街道龙潭村村民。他是闸西供销社五接桥合作商店退休职工，1999年，72岁的他凭着年轻时曾学得的一手修车手艺，在鼓风机厂门前路边支起了一个修车摊。

修车攒下的钱怎么用？老人想到为身边群众做点好事。他家门口原有条小路，一到下雨泥泞不堪，14 户人家行走困难。与家人商量后，老人把三年的修车收入，加上自己的其他积蓄，共 2.7 万元全部拿出来，修了一条 300 多米长的水泥路。在胡汉生去世后，这条乡间小道被正式命名为"汉生路"。

修成了一条路，老人对做好事上了"瘾"。他决定，修车的钱家人谁也不能动，全部捐献出去。在接下来的两年时间里，他又靠修车攒下一万元。这些钱大都是零钱或硬币，老人细心地用绳子一捆捆扎好。在家人支持下，2005 年 11 月，他用纸袋将一万元包好，又用报纸裹了

好几层，一路询问来到南通慈善总会。慈善总会的工作人员了解到这笔捐款的来历后，劝老人将钱拿回去，好好安排晚年生活。可是，胡汉生却执意要捐。2008 年，四川大地震，他在第一时间捐款 1000 元。

胡汉生修一辆车只收一元钱，遇到困难群众还免费，要攒够这一万元需要很长的时间。老人因年事已高，

胡汉生老人在修车

位于天生港街道龙潭村的道德模范馆

身体每况愈下，却舍不得看病；一件外套补了又补，老人也舍不得买新的。可老人每攒够一万元，都会捐出去，一直坚持到2013年去世。十四年里，他把修理自行车辛苦筹集的10.6万元血汗钱全部做了慈善。

据南通市慈善总会工作人员回忆：有一次胡汉生老人捐款一万元，由于都是修车的钱，所以硬币、纸币很多，当场点了很长时间。老胡回去后，工作人员到银行解款，发现这笔捐款中有两张百元假币。工作人员跟领导商量后，自己垫了200元。老胡得知此事后，第二天专门从家中骑车近一个小时送来两百元，这才心安地回去。

很多人并不理解老人这样做的真实想法。在他去世后，家人意外发现的遗物里，老人的行善情结终于"真相大白"。这份遗物就是老人生前写下的《修车小结》。这份《小结》两张边角已经破烂了，老人整齐地从右向左用圆珠笔密密麻麻写了二十列字，里面有老人修车做慈善的初衷和坚持。

"人不能虚度了光阴，像我这样既锻炼了身体，又挣钱做了好事何乐而不为？老牛不耕田不拉磨，同样会老，像我这样老去也就实现了我的人生价值。"这是胡汉生老人《修车小结》中的最后一段话。

为了让更多的人加入做好事的行列中，胡汉生老人生前还在他所在的龙潭村成立"汉生爱心互助协会"，到他去世前已募得各方爱心捐赠40多万元，惠及800多名困难群众、学生。

"慈善双雄"中的另一位——磨刀老人吴锦泉，是天生港镇街道五星村村民，他就是受邻村的胡汉生老人影响走上慈善之路，并在胡汉生去世后接续将行善助人之举坚持下去。

吴锦泉，这位1959年就入党的老党员，一直生活节俭，但帮助别人时总是慷慨解囊。他在退休后，靠年轻时学到的磨刀手艺磨剪镪刀。

两个怀揣爱心的人迟早是会碰到的。吴锦泉走街串巷时路过胡汉生的修车摊，听说他做慈善时，便向他取经。

"胡汉生爱读报，有见识，这点是他的长处。"吴锦泉回忆老友时说，"他和我说，只要都是做善事，钱多钱少不重要，只要有那份心。"

磨刀老人吴锦泉

吴锦泉老人的捐款，是他通过磨刀攒起来的，每一枚硬币里都洇着汗水

老友的话让吴锦泉豁然开朗，决定将磨刀所得捐给社会。

2008 年，吴锦泉夜里从广播里听到汶川发生大地震，就将他这段时间磨刀的储钱罐倒在桌上，仔细数过，1 元硬币 902 枚，5 元纸币 20 张，共 1002 元。

第二天一早，老人骑着自行车，几经周折，找到市红十字会募捐点。只听得"哗"的一声，一枚枚硬币从布包里倾泻出来。他对工作人员说："四川受了难，我是一个党员，今年 80 岁，还能挣钱。钱不多，都捐给那些受灾的百姓吧。"

青海玉树、甘肃舟曲、四川雅安，此后几年，千里之外发生重大灾难，吴锦泉都会将爱心送出。只靠听广播获取信息的他，多次成为南通第一位通过红十字会向灾区捐款的市民。

"锦泉一元爱心社"和"磨刀老人"微基金，在吴锦泉的慈善精神感召下，周围越来越多的人投身慈善事业。有人来到老人的磨刀摊前，磨一把刀给出 100 元，请老人代为捐款。老人总是记下姓名住址，

磨刀老人吴锦泉在感动中国人物颁奖典礼上，与主持人白岩松对话

让红十字会开出票据。

到 2015 年获评"感动中国"十大人物时，吴锦泉陆陆续续捐出磨刀的劳动所得，善款总计 18 万元。这要踏过多少街巷，磨出多少把刀。磨一把菜刀，老人要挥动 300~500 次手臂。常年劳作，吴老的手指已经伤痕累累。几十年的辛劳，每一枚硬币里都洇着汗水。

每一次，老人在将那些一枚枚硬币整理好，交给工作人员时，总是说："我能力有限，做得还太少……"

那段时间，南通的朋友圈里一直在自发地为磨刀老人加油，力挺这位可敬的老人。而更多的外地朋友，在听说南通磨刀老人的感人故事后，默默为之投票。大家都希望用自己的爱心接力，将磨刀老人推

上央视的颁奖台！

2016 年 2 月 14 日晚，五星村的村民簇拥着吴锦泉到村部一起看电视。当晚 2015 年度"感动中国"十大人物颁奖典礼开播，第一个出场的就是吴锦泉。节目是不久前在央视录制的，屏幕上的吴锦泉老人捧着奖杯，成了家喻户晓的慈善之星。

面对主持人白岩松提出的"怎样才是一个好人"问题，老人用浓浓的乡音给出答案："有着最好美德的人。"白岩松再问这位 88 岁的磨刀老人打算，老人说："我身体很好，活到老磨刀到老，捐献到老。"

在现实中，磨刀老人践行着自己的诺言。尽管大家都劝他安享晚年，但吴锦泉年过九十之后，依旧为群众磨刀、向社会捐献。

吴锦泉截至目前已经捐献了多少，其实并不是重点。"慈善不在于金钱有多少，而是慈善的力量有多大，给大家带来多少感动。"在来通拍摄吴锦泉专题片的一位导演一语道破慈善的真谛。在他眼里，与近年来总捐款累计 60 亿元的一位富商相比，吴锦泉的慈善力量是等重的。而这个道理，与当年胡汉生说给吴锦泉听的那番话，堪称异曲同工。

莫文隋：莫问我是谁，大爱满通城

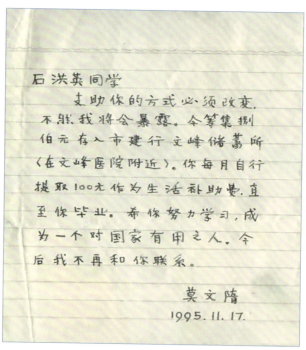

莫文隋写给特困学生的信

"你要问我是谁，请莫问我是谁，风雨中我是一把伞，干渴时我是一杯水……"1995年，南通一位自称"莫文隋"的人，多次汇款帮助当地贫困生，感动全城。大家寻找他时才明白，"莫文隋"就是"莫问谁"！有心人因此创作了歌曲《莫问我是谁》，一曲唱遍大街小巷。

在"寻找莫文隋"的过程中，"莫文隋"之风温暖了南通城，唤起全民争相学习、效仿"莫文隋"的热潮。

1995年春天，原南通工学院女生石洪英的寡母去世，她一下子失去了生活依靠。料理完丧事回到学校的第三天，石洪英意外收到一张

《人民日报》头版头条报道南通"莫文隋"现象

100 元的汇款单,附言是"生活补助费",地址为本市"工农路 555 号",汇款人姓名写着"莫文隋"。从此,石洪英每月都会收到"莫文隋"汇来的 100 元生活费,直到她毕业。

这年秋天,学校学工处也收到一笔 1000 元的汇款,汇款人又是"莫文隋",附言里说从苏北贫困生中选取一人,"每月发给 100 元,作为生活补贴"。

石洪英几次前往工农路寻找这位好心人,却发现根本没有 555 号。她又通过学校广播站、邮局去寻找,依然没有"莫文隋"的任何消息。这时人们才明白,555 原来就是"无无无","莫文隋"就是"莫问谁",这是一个做好事不愿留名的人!

原南通工学院院报编辑部主任沙银芬,将"莫文隋"热心助学的事迹,写成通讯稿《莫文隋,您究竟是谁?》投书报社,1995 年 10 月 20 日江海晚报头版头条刊发,很快引发了市民关注。

南通各家新闻媒体发动广大市民帮助寻找,南通市发起寻找莫文隋的活动,城市中张贴着"莫文隋,你在哪里?"的大幅海报,却依然找不到"莫文隋"的真人。

1995 年 11 月,石洪英收到"莫文隋"最后一封来信,信中写道:"石洪英同学，资助你的方式必须改变，不然我会暴露。今筹集捌佰元存入市建行文峰储蓄所。你每月自行提取 100 元作为生活补助费，直到你毕业。希你努力学习，成为一个对国家有用之人。今后我不再和你联系。"

在 1996 年南通市文明新风评奖中，"莫文隋"荣登榜首，却一直不见有人领奖。

更让人意外的是，南通人在寻找"莫文隋"的过程中，发现了更多像"莫文隋"一样乐于助人的人，如：资助困难学生的"卫英才"（为英才）和"叶中恭"（一中共）等，资助孤儿院的"吴铭"（无名），汇款给社会福利院的"魏群"（为群），多次资助贫困家庭的任友琴（人有情）……他们有的是党员干部，有的是普通群众，但都有一个共同的特点，就是做了好事始终不愿留名。

一个人带动了一群人、一座城，"好人文化"在南通引发的"滚雪球"效应。据南通市慈善会、社会福利院和希望工程办公室的不完全统计，从 1995 年"莫文隋"出现开始，不到三年的时间里，三家单位收到捐款近百万元，其中不留名的有 100 多笔。

南通涌现出一个又一个"莫文隋"，吸引全省和全国各大媒体相继报道。《扬子晚报》全文刊登了《追踪"莫文隋"》，并开辟了"与'莫文隋'同行"专栏，连续开展了 18 天的讨论，共发表读者来稿 53 篇。1996 年 9 月，中央电视台新闻联播节目播出了南通"莫文隋"的事迹。1997 年 1 月 5 日《人民日报》头版头条刊登了长篇通讯《南通：群起效仿"莫文隋"》，并配发了评论《可贵的实践》。后来又以《南通："莫文隋"有新篇》为题，进行跟踪报道。经各级各类新闻媒体报道后，"莫文隋"的感人事迹传遍全国，并引发群起效仿。

"莫文隋"究竟是谁？多年来这个疑问萦绕在南通人的心头。直到 2008 年北京奥运会，他因担任火炬手进入公众视线，他的名字才被大家知晓——汤淳渊。谜团由此渐渐揭开，他就是人们一直在找的"莫文隋"。

其实，1995 年 11 月，媒体通过各种线索就已经找到了时任南通工

"莫文隋"的原型汤淳渊老人参加北京奥运会火炬接力

学院副院长汤淳渊，就是他化名资助了两位特困学生。但是他拒绝公开真实身份和姓名，学校和新闻媒体尊重他的意愿，让"莫文隋"继续"隐身"。2012年他在一次采访中吐露心声："我做的这些事情，都不大，我认为人人都能做。只要你有心，只要你知道情况，你有能力帮助他，你就可以帮助他。"

这些年，他从来没有停止扶危济困。退休前，汤淳渊要学校财务部门每月从他工资中扣除100元资助贫困生。退休后，即使在住进重症监护病房的一年多时间里，他仍坚持每月从工资中拿出400元捐给学校的"莫文隋基金"。

在他生命的最后时光，学校领导前去探望，汤老吃力地说："人总是要走的，不要再抢救了，把药用到需要用的病人身上。"2019年7月12日，汤淳渊离世，享年83岁。此时，他所代表的"莫文隋"精神已经在江海大地传播了二十四年！

为把学雷锋、学"莫文隋"活动制度化、社会化，在市委、市政府支持下，1998年3月31日，由团市委、江海晚报社、东洋之花化妆

147

截至 2023 年 3 月，崇川区注册的志愿者已超过 21 万人

品公司三家单位发起,江海志愿者服务站正式成立。"有困难找志愿者,有时间做志愿者"的良好氛围，在南通城很快形成。志愿者文化成为南通文明城市创建中绚丽的风景线。

经过多年的发展，江海志愿者从最初的 34 人，增长到 2023 年的 253 万人。平均每 3 个南通人中就有一个江海志愿者。

在"莫文隋"精神的感染和浸润下，大爱奉献的美德在江海大地蔚然成风，"莫文隋"现象成为精神文明"南通现象"的生动代表。

张洁云：南通第一位世界冠军

1981 年 11 月 16 日，在中国体育史上是个值得永远铭记的日子。这一天，中国女排在第 3 届世界杯赛上夺得桂冠，实现了中国三大球世界冠军零的突破，"女排精神"成为中国体育健儿顽强拼搏、为国争光的象征。

在这 12 位中国女排姑娘中，有一位南通人，她就是张洁云。

女排世界冠军张洁云

张洁云，南通历史上第一位世界冠军。随着张洁云迈出的第一步，42 年来，先后有 21 位南通籍健儿站到了世界冠军领奖台的巅峰之上，其中有 19 位是从崇川区这片热土走向世界的。

1956 年 10 月 5 日，张洁云诞生于市区西南营的一个普通家庭。张洁云在北濠小学读书时就展现出不错的运动天赋，运动会上参加短跑、立定跳远、手榴弹，样样都名列前茅。

1970 年，张洁云进入南通中学读初一，个子已经蹿到了 1.68 米。她第一次接触排球是在 1970 年底，市体委干部到南通中学挑选排球苗子。尽管初次"触"球并没有找到感觉，第二年初，当张洁云又一次获得去南京参加省女排选拔的机会时，她决定拼一把。全省各地共来了近200多人,录取名额只有十几个。张洁云成为唯一留下来的南通人。

张洁云入选省女排二队时,打球的经验是零。有的队员基础比她好,但因训练太苦而自己放弃,张洁云顽强地挺住了。每天,张洁云和队友们刻苦地练习"发""接""传""扣""拦"五大基本技术。心灵手巧的她很快练就了排球基本功,并学会了当时风行一时的快攻技术。

1971年底,15岁的张洁云披上了省一队的战袍,成为教练卜庆霞麾下的主将。当时的江苏队正值新老交替,教练组决定,让技术全面的副攻手张洁云改任二传手。队里另一个二传手就是后来名震世界排坛的苏州姑娘孙晋芳。两个稚气未脱的小丫头一下子成为球队的顶梁柱,压力之大可想而知。

张洁云和孙晋芳在宿舍走廊里练球的故事几乎已经成为排球史上的一段传奇。为了迅速提高传球技术,两位二传手特意将训练场选在宿舍门前的走廊里。数月后,张洁云和孙晋芳觉得,双手犹如两块神奇的磁石,吸引着飞舞的排球。走廊顶仿佛突然升高许多,两旁的墙壁也似乎向两旁闪开,狭小的走廊宛如一个无边无际的空间。

两个国际顶级的二传手,就是在这条狭窄的走廊里练就出传球绝技的。有了她们作为场上的核心和进攻的组织者,江苏女排攻有章法,守不乱阵,在整个70年代一直保持全国三强行列。

中国排坛的泰斗级人物张然出任江苏队主帅后,两年多时间里对张洁云的二传技术进行了专业指导,使她在场上穿针引线的功夫愈加精进。1975年的全运会,江苏队在决赛中惜败于四川队屈居亚军,张洁云的名声传遍了国内排坛。

1976年6月1日,新一届中国女排组建,主帅是刚退役不久的男排名将袁伟民。张洁云和孙晋芳一起,成了袁指导麾下的首批队员。

意气风发的袁伟民树立起"冲出亚洲、走向世界"的雄心壮志,但是,上一届女排在1974年的世界锦标赛中只得了个第十四名。要靠这批十八九岁的女孩子来实现突破和跨越,袁伟民制定了超大运动量训练计划,借鉴的是日本队"魔鬼教练"大松博文的训练法。张洁云和队友一起，付出了常人难以想象的艰辛。

当这届中国女排日渐引起国际排坛关注时，国外媒体将一些形象的外号赠予我们的女排姑娘，如曹慧英被称为"铁姑娘"，郎平叫"铁榔头"，而张洁云的外号很别致，叫"无声手枪"。

获此外号的原因是，司职二传手的张洁云掌握着一手不俗的进攻技术。比赛中，张洁云在调度攻防的同时，也会时不时地偷袭一下对手。由于她的2号位扣球下手快，飞臂幅度小，隐蔽性好，常能出其不意，悄然命中对手要害。日本媒体就生动地称张洁云为"无声手枪"。

张洁云在训练中

身高1.74米的张洁云在高个云集的排球赛场能出人头地，靠的就是这种灵巧和果敢。

1977年的第二届世界杯赛，是这批女排姑娘参加的首次国际重大赛事。组队刚一年的中国女排迅速崛起，成为改变世界女排格局的重要力量，她们战胜了古巴等世界强队，但由于缺乏经验，加上几支关系特殊的球队互相之间玩"默契"，中国女排最终定格在第四名的位置上。当张洁云和队友们在颁奖仪式上挥动黄手绢为前三名祝福时，这群心有雄志的中国姑娘心里不服气。这一场景,通过鲁光的报告文学《中国姑娘》已经给人们留下深刻的印象。

在接下来的四年里，这支女排劲旅还在等待。1979年，中国女排在亚洲排球锦标赛上力克日本、韩国等老对手，成为亚洲冠军。

这一年的奥运会亚洲区赛在香港举行，在中国女排击败韩国夺得出线权的关键比赛中，张洁云这一"无声手枪"弹无虚发，赢得球迷和媒体的普遍赞誉。香港报纸称，张洁云"轻盈似云，又像小燕子般灵活"。1980年的莫斯科奥运会，由于政治因素，中国当年没有派队参加。女排姑娘的世界冠军梦的实现，又一次被延迟。

那个时期，张洁云球技日臻成熟，她良好的形象气质也为女排增色。在1978年的亚运会上，张洁云荣幸地与男运动员邹振先一起，成为中国代表团的护旗使者。

"开幕式上，中国代表团高大的旗手旁边走着一位娉娉婷婷的女运动员。只见她高挑的身段上罩一件具有中国民族特色的奶白色带藕荷色小花旗袍，显得更加高雅靓丽。有她的陪衬，五星红旗格外鲜艳夺目。"当时的国内报刊如此描述张洁云的风采。张洁云在人到中年后回忆这个情景时忍俊不禁，她说，那是平生第一次烫发、穿高跟鞋，当时觉得好别扭。

1981年，中国女排冲击世界冠军的时机已经成熟。对于年满25岁的张洁云来说，运动生涯的黄金时期已经接近尾声。第三届世界杯，

张洁云（穿长裙者）在曼谷亚运会上担任中国代表团护旗手

1981 年，参加世界杯的中国女排在驻日使馆合影（二排右四为张洁云）

将是张洁云夺得世界冠军称号的最后机会。这一年的 7 月，中国女排夺得世界大学生运动会金牌，打响了冲击世界杯冠军的前哨战。

1981 年深秋，日本大阪，最后的冲刺已经到来。这时的张洁云在队中已经不是主力队员了，袁伟民将她带到日本，倚重的是她老到的经验和对年轻选手的传帮带作用。张洁云倍加珍惜上场的机会，在如此重大的赛事里，她的表现相当沉稳，出色地完成了教练的战术意图。

七战七捷，中国女排取得了历史性的突破。泪飞顿作倾盆雨，张洁云与队友们沉浸在无法言喻的喜悦中；而在国内，无数个家庭度过了一个不眠夜。

提起成为世界冠军的那一天，张洁云印象最深的还是站在领奖台上的那一刻。"当时我手捧着鲜花，望着五星红旗在《义勇军进行曲》声中冉冉升起，眼泪不由自主地流了下来——我对自己说，张洁云，过去的汗没有白流！"

世界杯赛后，张洁云功成身退，脱下国家队的战袍回到江苏。她一边在省队效力，一边在南京体院读书。作为省队教练兼队长，她率

153

领江苏女排获得全国锦标赛的冠军。

1984年，张洁云退役后，担任省体委体育外事办公室副主任一职，在新的岗位上她继续创造着一流的业绩。

2016年，张洁云正式退休，但她对于排球运动的那份热爱，一直没有减弱。

Tips

世界冠军摇篮"

南通被称为"世界冠军的摇篮"，自1981年张洁云成为南通首个世界冠军至今，南通已经涌现了21位世界冠军，包括7位奥运冠军。

7位奥运冠军除了来自海安的仲满，其余6人都来自崇川：

林莉，1992年巴塞罗那奥运会女子200米个人混合泳金牌，同时打破这个项目的世界纪录，成为第一个在奥运会上打破世界纪录的中国运动员；

葛菲，1996年亚特兰大奥运会和2000年悉尼奥运会羽毛球女子双打冠军；

李菊，2000年悉尼奥运会乒乓球女双冠军；

黄旭，2000年悉尼奥运会和2008年北京奥运会，男子体操团体冠军；

陈玘，2004年雅典奥运会乒乓球男双冠军；

仲满，2008年北京奥运会男子佩剑冠军；

陈若琳，2008年北京奥运会女子10米跳台和双人10米跳台冠军；2012年伦敦奥运会女子10米跳台和双人10米跳台冠军；2016年里约奥运会女子双人10米跳台冠军。

另外14位世界冠军中，除了海门籍的丁倚亮，其余13人都出自崇川：

排球世界冠军张洁云、殷勤，沙滩排球世界冠军张希，羽毛球世界冠军吴健秋、赵剑华、赵婷婷、成淑、马晋、石宇奇，体操世界冠军陆斌、孙炜，技巧世界冠军季磊、胡欣，射箭世界冠军丁倚亮。

陈若琳（上）与队友在女子 10 米跳台比赛中

陈若琳：奥运"五冠王"的追梦路

不少人知道陈若琳，是从 2008 年的北京奥运会开始的。

那一年的 8 月 12 日，16 岁的陈若琳作为中国跳水"梦之队"的一员出战，与队友王鑫一起，夺得 10 米跳台女子双人比赛金牌。

8 月 21 日，水立方，陈若琳又一次站在高高的 10 米跳台上，犹如置身于一个梦幻的舞台。最后一跳，陈若琳空中如紫燕翻飞，入水后碧池几乎未泛起水花。100.30 分！陈若琳再夺 10 米跳台女子单人项目金牌！时隔十二年，这个项目的奥运金牌再次回到中国人手中。

全世界都记住了这位小姑娘的名字，陈若琳，来自江苏南通的奥运会跳水双料冠军，她将和周继红、高敏、伏明霞、郭晶晶这些闪光的名字一起，闪耀在奥林匹克的辉煌之巅。

站在北京奥运会冠军的领奖台上，比赛中一直表情平静如水的陈若琳难得展颜一笑。多少的汗水，多少的泪水，才换来这一刻的笑容。

1992 年 12 月 12 日，南通市崇川区的一户普通家庭迎来了一个新的小生命。爷爷唐诗和奶奶陈桂英给这个可爱的孙女取名为若琳，意思是像美玉一样。

陈若琳从小由爷爷奶奶抚养，4 岁开始练跳水纯属偶然。小时候的她体弱多病，为了增强小若琳的体质，一家人商量送她到儿童业余体校锻炼锻炼。启蒙教练高峰将她抛下水之后的几分钟内，认定了这是一个"天才"。当时，高峰将小若琳腰上缠了绳子，扔到了水中央试试水。岸上的大人才说上几句话，突然发现小家伙已经不声不响地游上了岸，静静地站在一旁。高峰说，从没有见过水性这么好的孩子。

那时的爷爷奶奶，并没有指望这孩子能练出什么名堂。训练的时候，奶奶总是陪着小若琳。有时教练离开一阵子，就说，琳琳奶奶，你帮我看着孩子们。一组动作要做 30 个，教练一走，有的孩子就开始偷工减料。奶奶注意到，陈若琳每一个动作都做得特别认真。教练要求做的动作个数，她一个都不少。"但是多一个也不做"，爷爷补充道，"这孩子从小就是爱较真"。

陈若琳 6 岁时第一次远离家门，一开始，是省少体校的短期代培生，凭着刻苦和天赋，很快就跨进省体工队大门。在南京的这段光阴，是陈桂英最难割舍的回忆。

每次和奶奶约好见面的时间，陈若琳就会数好天数，然后抓一把牙签放在枕头下面，每天一根"倒计时"。每次短暂的见面又要分手，奶奶和小若琳都会抱头痛哭一场，谁也不愿先松手。

2004 年，陈若琳作为江苏队主力参加国内大赛，国家跳水队的掌门人周继红眼前一亮，江苏队藏了一块宝！这一年，不满 12 岁的陈若琳首次叩开了国家队的大门。

在同时进国家队的那批孩子中，为人低调的陈若琳一开始并没有引起太多关注。有一次训练结束后，孩子们经过食堂，饿得发慌的他们发现那里放着香喷喷的蛋糕，就涌上去分着吃。恰巧经过这里的周继红看到了这一幕，发现只有一个小女孩站在食堂外面没有进去。周

陈若琳在三届奥运会上共夺得 5 枚金牌

指导问她，你怎么不去吃蛋糕。小女孩回答，教练没有叫我们去吃。周继红记住了这个女孩，江苏的陈若琳。

陈若琳第一次出国比赛是临时替补上阵的。在前往莫斯科参加一项国际比赛出发前，一位参加跳台双人项目的八一队队员受伤，国家队决定让陈若琳顶上去，不在乎名次，要考察一下这个听话的小姑娘实战水平如何。陈若琳首登国际赛场，捧回了金牌。再转战美国赛场，还是金牌。用爷爷的话说，国家队从此不让她下来了。

2006 年 7 月，在与南通一江之隔的常熟，爷爷奶奶现场目睹了陈若琳运动生涯的突破之战，她与队友贾童携手出战世界杯跳水赛女子10 米跳台决赛，一举夺得金牌。当时，陈若琳还不满 14 岁，成为中国跳水队最年轻的现役世界冠军。

北京奥运会之后，年少成名的陈若琳，遇到的压力和挑战都比以前更大了。她吃的苦，常人无法想象。

　　陈若琳遭遇到每个跳水选手都会碰到的"成长的烦恼"，身高蹿了十多厘米，体重也增加不少。高台跳水运动员最怕发胖，即便只长一斤肉，空中的动作也会完全不同。

　　面对艰巨的减重关，在四年的奥运备战周期中，陈若琳坚持吃素。她晚上基本上不吃饭，只喝白开水。其实，这样大的女伢儿谁不喜欢吃个零食什么的，以前的几个队友就是没管住嘴，吃胖了没法再跳高台。为了在伦敦再夺金牌，陈若琳几乎饿了整整四年。

　　2012 年 7 月，在伦敦赛场，20 岁的陈若琳第二次出征奥运会。继 7 月 31 日与队友汪皓合作获得本届奥运会跳台跳水女子双人金牌之后，8 月 10 日，女子跳台 10 米台单人决赛中，陈若琳又一次成功夺冠。至此，她成为首位在奥运 10 米跳台跳水单人、双人项目均卫冕的运动员，同时，为中国代表团在夏季奥运会上夺得史上第 200 枚金牌。

　　陈若琳获得自己的第 4 枚奥运金牌时，已经是北京时间 10 日的凌晨三点多。无论是南通的家乡父老，还是全国各地的体育爱好者，都度过了一个难忘的不眠之夜。

　　2016 年，里约热内卢，陈若琳三度出征奥运会。

　　这一年的她 24 岁，身上的伤病也越来越多，陈若琳心里很清楚，这是最后一次站在奥运会的赛场上了。与她搭档的刘蕙瑕当时 19 岁，是第一次出征奥运会，两人压力都很大。

　　在比赛的前一天，好多朋友发信息给陈若琳，给她带来了更多的压力和困扰，她干脆关机了，让自己静下心来。一上跳台，陈若琳就会忘记一切。她在跳水队里写下的座右铭就是，"我在比赛的时候想的全是动作。"

　　8 月 10 日，距离上一次奥运夺金整整四年，陈若琳与搭档联袂出击。最后一个动作，5253B，这也是她在北京奥运会上最后一个动作。

　　完美！依然与八年前一样，陈若琳与队友拿下了双人十米台冠军。

　　与刘蕙瑕紧紧拥抱在一起，抑制不住的泪水从陈若琳的眼眶中涌出来。三届奥运会女子跳台双人项目，身边的队友每次都不同，唯有陈若琳，始终稳如定海神针。

生活中的陈若琳是个爱美的南通女伢儿

陈若琳的奥运金牌也达到了5枚，为她的跳水生涯画上圆满的句号。而南通健儿自1992年林莉在巴塞罗那奥运会游泳比赛摘金之后，至此已连续七届奥运会"届届见金牌"，完成了又一个传奇。

"十米台上不会再有我陈若琳的身影了……"2016年10月19日，陈若琳在微博上宣布自己退役的消息，"真的到了这一天没想到会这么的平静，有幻想过很多场景，开心地大笑，激动得睡不着觉，不舍得难过，却没想到会这么的平静"！人们还记得在里约的赛场，膏药像补丁一样，密密地布满陈若琳全身，书写着这位老将的不易。没有人苛求她做得更多，从2006年初出茅庐，到2016年完美谢幕，陈若琳年年夺得世界冠军，已经成为国际跳水史上的传奇人物。

退役之后的陈若琳走进大学校园充电，但她并没有就此放弃一直热爱的跳水工作，并在周继红的帮助下开始学习英语。2017年下半年，陈若琳加入国际泳联跳水技术委员会，为了转型裁判而做出铺垫。

在2021年7月开幕的东京奥运会上，陈若琳和师姐郭晶晶一同担任跳水裁判。这是她参加的第四次奥运会，这一次，是她告别运动员生涯后，以全新的身份走进赛场。除了有一些兴奋，陈若琳更多感到了要将中国跳水"梦之队"的辉煌延续下去的责任。

2021年11月，陈若琳回到中国跳水队。29岁的她成为国家队教练一员，并出任全红婵的教练。东京奥运会金牌得主全红婵，在陈若琳

金牌师徒：陈若琳与全红婵

的加持下，成为中国跳水队的新一代代表人物。2022年10月，全红婵与队友陈芋汐夺得世界杯跳水赛10米跳台女子双人金牌，陈若琳的执教生涯写下崭新一页。

时间进入2023年，全红婵由于遇到"发育关"，未能取得最佳战绩。尽管外界一度对这对"金牌师徒"的前景开始有些疑虑，但陈若琳依然像从前一样淡定，在巴黎奥运会上的为中国跳水做出新的贡献，是她所追寻的新梦想。

Tips

南通体育日

2008年8月12日这天，在北京奥运会赛场上，南通小将陈若琳与队友在10米跳台跳水女子双人决赛中夺得金牌。同一天，南通籍体操老将黄旭与队友为中国队夺回惜别八年之久的男团金牌；南通籍剑客仲满勇夺男子佩剑个人金牌，这也是中国男子击剑奥运第一金。南通健儿创造了"一日三金"的奇迹，在国内地级市中开创历史。在北京奥运会上，南通籍运动员共获4金、1银、1铜，共6枚奖牌。

当年，南通市人大常委会通过决议，将每年的8月12日确定为"南通体育日"，以此来纪念当日南通籍运动员在北京奥运会上"一日摘三金"的佳绩。每年的"南通体育日"，南通都会组织各项全民健身活动，展示"体育之乡"的深厚底蕴。